에스겔서 강해설교
폐허를 덮는 환상

우상

일러두기

- 이 책은 강선, 서정걸, 윤철규, 세 목사가 2018년 7월 1일부터 2019년 3월 3일까지 남포교회 청년부 주일예배 시간에 설교한 에스겔서 강해를 글로 펴낸 것입니다.
- 이 책에서는 개역개정판 성경을 인용하였습니다.
- 성경을 인용할 때, 절의 전체를 인용한 경우에는 큰따옴표(" ")로, 절의 일부를 인용한 경우에는 작은따옴표(' ')로 표기하였습니다.
- 본문에 《 》로 표기된 것은 도서를, 〈 〉로 표기된 것은 도서 외 작품을 가리킵니다.

폐허를 덮는 환상 — 우상

2021년 11월 30일 초판 1쇄 인쇄
2021년 12월 15일 초판 1쇄 발행

지은이 강선, 서정걸, 윤철규
기획 강동현
편집 문선형, 정유진
디자인 잔
마케팅 강동현
경영지원 김내리
펴낸이 최태준
펴낸곳 무근검
주소 서울특별시 송파구 올림픽로 4길 17, A동 301호
홈페이지 www.facebook.com/lampbooks **전화** 02-420-3155 **팩스** 02-419-8997
등록 2014. 2. 21. 제2014-000020호
ISBN 979-11-87506-73-7 04230
ISBN 979-11-87506-71-3 04230(세트)

ⓒ 강선, 서정걸, 윤철규 2021
이 책의 저작권은 저자와 무근검이 소유합니다.
신저작권법에 의하여 한국 내에서 보호받는 저작물이므로 무단 전재와 복제를 금합니다.

무근검은 남포교회출판부의 새로운 이름입니다.
무근검은 '하나님의 영광은 무겁고 오래된 칼과 같다'라는 뜻입니다.

에스겔서 강해설교

폐허를 덮는 환상

우상

강선
서정걸
윤철규

너희는 마음을 돌이켜 우상을 떠나고 얼굴을 돌려
모든 가증한 것을 떠나라

겔 14 : 6

차례

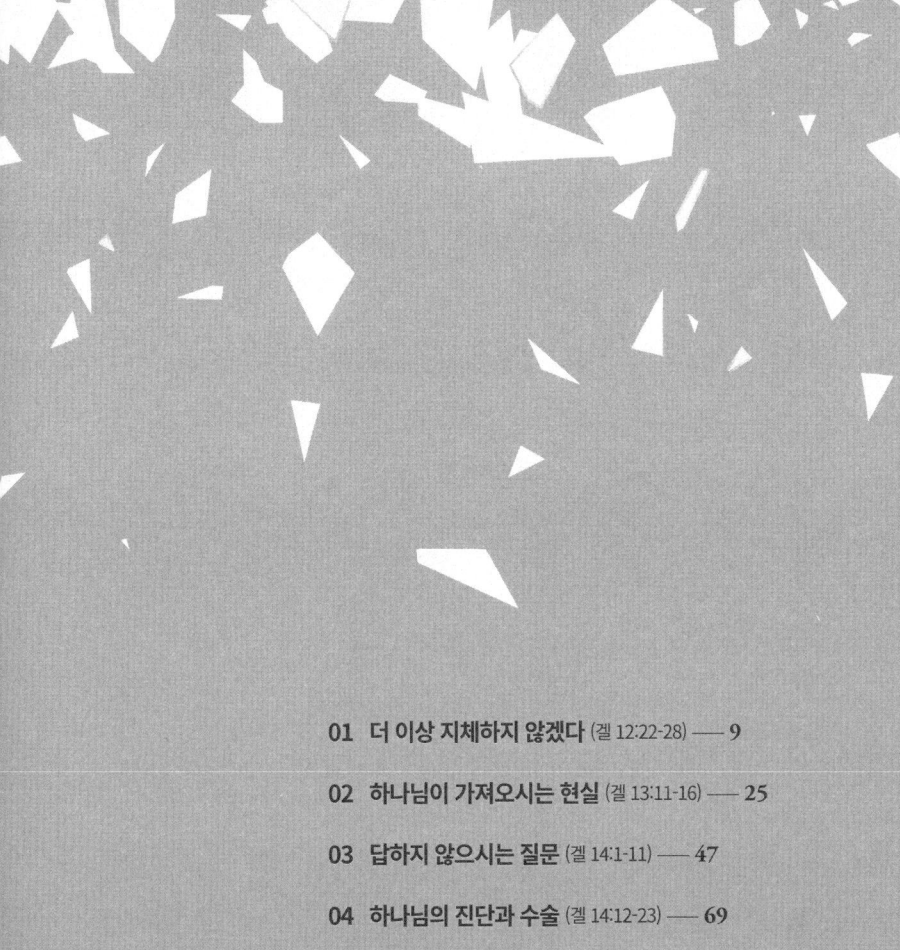

01 더 이상 지체하지 않겠다 (겔 12:22-28) —— 9

02 하나님이 가져오시는 현실 (겔 13:11-16) —— 25

03 답하지 않으시는 질문 (겔 14:1-11) —— 47

04 하나님의 진단과 수술 (겔 14:12-23) —— 69

05 들포도나무 같은 존재 (겔 15:1-8) —— 87

06 우상의 실체 (겔 16:59-63)　　105

07 심으신 나무, 돌보시는 양 (겔 17:11-21) —— 129

08 여전히 열려 있는 문 (겔 18:1-4) —— 149

09 애가에서 찬가로 (겔 19:1-14) —— 173

10 타협도 없고 포기도 없다 (겔 20:30-39) —— 195

11 공포와 약탈을 당하는 자리 (겔 23:36-49) —— 213

01

더 이상 지체하지 않겠다

서정걸

22 인자야 이스라엘 땅에서 이르기를 날이 더디고 모든 묵시가 사라지리라 하는 너희의 이 속담이 어찌 됨이냐 23 그러므로 너는 그들에게 이르기를 주 여호와께서 이같이 말씀하시기를 내가 이 속담을 그치게 하리니 사람이 다시는 이스라엘 가운데에서 이 속담을 사용하지 못하리라 하셨다 하고 또 그들에게 이르기를 날과 모든 묵시의 응함이 가까우니 24 이스라엘 족속 중에 허탄한 묵시나 아첨하는 복술이 다시 있지 못하리라 하라 25 나는 여호와라 내가 말하리니 내가 하는 말이 다시는 더디지 아니하고 응하리라 반역하는 족속이여 내가 너희 생전에 말하고 이루리라 나 주 여호와의 말이니라 하셨다 하라 26 여호와의 말씀이 또 내게 임하여 이르시되 27 인자야 이스라엘 족속의 말이 그가 보는 묵시는 여러 날 후의 일이라 그가 멀리 있는 때에 대하여 예언하였다 하느니라 28 그러므로 너는 그들에게 이르기를 주 여호와의 말씀에 나의 말이 하나도 다시 더디지 아니할지니 내가 한 말이 이루어지리라 나 주 여호와의 말이니라 하셨다 하라 (겔 12:22-28)

확정된 심판, 듣지 않는 백성들

에스겔 8장부터 11장까지에서 에스겔은 환상 가운데 예루살렘을 둘러보며 하나님의 성전이 우상을 숭배하는 자들로 가득한 모습과 하나님의 백성이면서도 하나님의 뜻과는 상관없이 포학하게 살아가는 예루살렘 주민들의 모습을 봅니다. 이는 예루살렘이 멸망당할 수밖에 없는 이유에 대한 하나님의 답이었습니다. 11장 마지막 절을 보면 에스겔이 함께 포로로 사로잡힌 자들에게 하나님이 보여 주신 모든 일을 다 말했다는 보고로 단락이 끝납니다. 하나님이 예루살렘을 심판하실 만한 충분한 이유가 제시되고, 그 심판이 확정되었으며 취소되지 않으리라는 확실한 뜻을 전합니다. 예루살렘은 종교적으로나, 사회 정치적으로나 모든 측면에서 하나님의 진노를 유발하는 죄악으로 넘쳐 났습니다. 에스겔을 통하여 이 환상을 전해 들은 유다 포로 사회는 적잖은 충격을 받았을 것입니다. 그들 중 대부분은 요시야 시대의 종교 개혁을 경험한 사람들이었으며 경건한 사람들도 많았을 것이고, 예루살렘에 있을 무렵에는 대부분이 사회 지도층이었습니다. 이들은, 에스겔의 환상을 통해 전해 들은 바가 사실이라면 예루살렘이 멸망하고 성전이 무너져 버린다 해도 할 말이 없음을 잘 알 만한 사람들입니다. 그러니 에스겔이 전하는 메시지를 있는 그대로 받아들인다면 바벨론에 사로잡혀 있던 포로들은 지금까지의 포로 생활과는 전혀 다른 관점과 자세로 포로 생활을 재정비해야 할 필요가 생겼습니다.

지금까지는 마음 한구석에, 예루살렘이 있는 한 희망이 있으며 포로 생활이 길지 않으리라는 기대를 가진 채 살아왔습니다. 하나님이 언제든 포로가 된 처지에 있는 자신들을 긍휼히 여겨 돌이키실 수 있다는 믿음이 있었습니다. 그렇게 언제라도 예루살렘으로 돌아갈 수 있다는 생각을 전제로 포로 생활을 해 왔는데, 에스겔이 전하는 메시지는 당분간, 아니 꽤 오랜 기간 동안 예루살렘으로 돌아갈 수 없게 되리라는 것이었습니다. 언제든지 돌아갈 수 있다는 생각을 전제로 포로 생활에 임하는 것과 그곳에 정착해서 삶을 꾸려 가야 하는 현실을 받아들이고 포로 생활에 임하는 것은 전혀 다릅니다. 에스겔의 메시지를 진지하게 받아들이고 나면, 바벨론의 포로 거주지는 잠시 머무르는 곳이 아니라 정착해서 삶을 꾸려 나가는 터전으로 삼아야 하는 곳이 됩니다.

그러나 바벨론의 포로 사회는 에스겔을 통해 전해지는 하나님의 메시지를 순순히 받아들이지 않았던 것 같습니다. 본문 말씀이 속한 12장으로 넘어와 1절과 2절을 보겠습니다.

> 1 또 여호와의 말씀이 내게 임하여 이르시되 2 인자야 네가 반역하는 족속 중에 거주하는도다 그들은 볼 눈이 있어도 보지 아니하고 들을 귀가 있어도 듣지 아니하나니 그들은 반역하는 족속임이라 (겔 12:1-2)

이 포로들은 도통 보려고도 들으려고도 하지 않는다며 하나님이 탄식하듯 말씀합니다. 그러나 재차 에스겔을 통하여 들으려고도 하지 않고 보려고도 하지 않는 포로들에게 당신의 말씀을 전하십니다. 하나님의 페르소나인 에스겔이 새로운 연기와 배역을 받아 말씀을 전합니다.

> 3 인자야 너는 포로의 행장을 꾸리고 낮에 그들의 목전에서 끌려가라 네가 네 처소를 다른 곳으로 옮기는 것을 그들이 보면 비록 반역하는 족속이라도 혹 생각이 있으리라 4 너는 낮에 그들의 목전에서 네 포로의 행장을 밖에 내놓기를 끌려가는 포로의 행장 같이 하고 저물 때에 너는 그들의 목전에서 밖으로 나가기를 포로되어 가는 자 같이 하라 5 너는 그들의 목전에서 성벽을 뚫고 그리로 따라 옮기되 6 캄캄할 때에 그들의 목전에서 어깨에 메고 나가며 얼굴을 가리고 땅을 보지 말지어다 이는 내가 너를 세워 이스라엘 족속에게 징조가 되게 함이라 하시기로 7 내가 그 명령대로 행하여 낮에 나의 행장을 끌려가는 포로의 행장 같이 내놓고

저물 때에 내 손으로 성벽을 뚫고 캄캄할 때에 행장을 내다가 그들의 목전에서 어깨에 메고 나가니라 (겔 12:3-7)

포로의 행색을 하고 밤에 예루살렘 성벽을 뚫고 포로로 끌려가는 모습을 보여 주라고 하십니다. 그리고 에스겔이 취한 행동이 무슨 의미인지 사람들이 물으면 이렇게 답하라고 하십니다.

9 인자야 이스라엘 족속 곧 그 반역하는 족속이 네게 묻기를 무엇을 하느냐 하지 아니하더냐 10 너는 그들에게 말하기를 주 여호와의 말씀에 이것은 예루살렘 왕과 그 가운데에 있는 이스라엘 온 족속에 대한 묵시라 하셨다 하고 (겔 12:9-10)

예루살렘에 있는 왕과 이스라엘의 온 백성이 포로로 사로잡히게 될 것이며 대부분이 칼과 기근과 전염병으로 죽게 되리라는 말씀입니다. 그리고 두 번째 역할극이 18절부터 20절까지에 나오는데 에스겔이 떨면서 음식을 먹고 놀라고 근심하면서 물을 마심으로써 하나님의 심판으로 백성들이 놀라고 근심하게 될 것을 예표하라 하십니다. 에스겔이 보이는 두 가지 역할극을 통하여 하나님은 예루살렘에 사는 사람들이 지위 고하를 막론하고 포로로 사로잡혀 갈 것이며 그들이 떨고 놀라고 근심하면서 음식물을 먹고 마시게 될 것이라고 말씀하십니다. 이는 새로운 메시지가 아닙니다. 이미 4장과 5장에서 에스겔이 연기했던 내용과 대동소이합니다. 하나님이 이스라엘과 예루살렘을 대적하여 그 성을 포위하고 공격할 것이고, 이 공격의 대리인으로 바벨론의 왕을 불러내 예루살렘을 멸망하게 하실 것이며, 그래서 많은 사람이 포로로 사로잡혀 갈 때, 포로의 음식과 부정한 음식을 먹게 될 것이라고 이미 주셨던 메시지를 반복하십니다.

이로써 8장에서 11장에 나오는 예루살렘 성전의 환상에 담긴 메시지를 예루살렘이 멸망할 것과 백성들이 포로 될 것을 상징하는 에스겔의 역할극이 둘러싸서 반복하여 강조하고 있는 모양이 갖추어집니다. 반복으로 강조되는 것은 이 일이 확정되었다는 뜻이고, 반복되는 메시지 사이에 위치하여 심판의 이유를 보여 주는 예루살렘의 우상 숭배와 포악함에 대한 심판의 메시지는 더 날카로워집니다. 이 준엄한 심판의 말씀에도 불구하고 많은 사람들이 듣지 않았고, 오히려 하나님이 주신 말씀과 에스겔을 조롱하고 비웃는 사람들까지 있었던 것 같습니다. 본문 말씀은 바로 그런 사람들을 향해서 주시는 메시지입니다.

본문 말씀의 메시지는 분명합니다. 예루살렘이 멸망하는 날이 반드시 올 것이며 그날이 생각보다 빨리 닥쳐오리라는 말씀입니다. 사람들은 '날이 더디고 모든 묵시가 사라지리라' 하는 속담을 들먹이며 참 선지자의 경고를 비웃고 있지만, 하나님이 작정하신 때는 다가오고 있으며 앞으로 더는 누구도 이 속담을 다시 입에 담지 못하게 될 것이고 그때가 이르면 허탄한 묵시와 아첨하는 복술, 즉 사람들 입맛에 맞추어 하나님의 말씀을 가장한 거짓 예언들도 사라지게 될 것입니다. 또 에스겔의 예언을 무시하거나 조롱하지는 않았다 할지라도, 그것이 우리 생애에 일어날 일은 아니라고 생각했던 사람들 또한 많았던 것 같은데, 하나님은 당신의 이름 '여호와'를 걸고 지금 선지자가 하는 경고를 듣는 자들이 살아 있는 동안에 예루살렘이 파멸될 것이라고 맹세하십니다.

종말론적 비전, 그 날이 그 날 같은 일상

기독교인이라면 누구나 종말론적 비전을 품고 살아가는 사람들이라고 할 수 있습니다. 본문에 나오는 '묵시'라는 단어 안에는 종말론적 의미가 포함되어 있어서 하나님의 뜻이 온전히 이루어질 마지막 때를 내다보게 됩니다. 그때에는 창조의 목적이 성취될 것이고 하나님의 백성들은 모두 영화롭게 될 것입니다. 이처럼 창조 세계 전체와 백성을 향한 하나님의 놀라운 뜻과 계획의 완성에 대한 적극적인 이해가 종말을 논하는 데 필수적입니다. 하지만 그 이면에는 본문에 나타나는 바와 같이 파괴적 요소도 포함되어 있습니다. 하나님의 뜻이 온전히 이루어지기 위해서는 하나님을 대척하여 마주 선 세상의 모든 악과 권세가 심판받고 무너져야 하기 때문입니다. 건물을 새로 짓기 위하여 낡고 부서진 부분을 치워 없애는 일이 당연하듯 의로운 하나님의 나라를 세우기 위하여 악한 것들을 싹 쓸어 내는 일이 먼저 일어나야 합니다. 그러니 두려워할 필요가 없습니다. 만일 '묵시' 또는 '종말'을 떠올릴 때 두려워하는 경향이 있다면, 그 일에 대하여 하나님의 뜻이 이루어지는 한 과정이라고 보는 시각을 놓치고 있기 때문입니다. 하나님의 뜻이 완성된다는 크고 종합적이며 긍정적인

의미에 초점을 맞추어야 합니다. 그래서 선지자들은 하나님과 반대하여 서 있는 악한 세력, 또 하나님의 백성 안에 자리한 불순종과 우상 숭배 같은 악한 요소들에 대하여 강하게 질타하고 책망하며 심판을 선언합니다.

그러나 선지자가 파멸과 심판을 선포해도 듣는 이들 편에서 생각해 보면 1년이 넘도록 아무런 조짐도, 유의미한 변화도 감지되지 않고 있습니다. 그 날이 그 날 같은 나날입니다. 악인은 여전히 잘 살고, 우상을 숭배해도 벼락을 맞지 않습니다. 선지자의 외침이 사실이라면 큰일이 벌어졌어야 마땅하고, 하나님이 개입하셔서 바로잡으셔야 할 것 같은데 하나님은 침묵하시는 듯합니다. 선지자의 입장과 우리의 오늘이 교차하는 지점입니다. 우리를 둘러싼 환경은 악하고 하나님의 개입은 선지자의 때와 마찬가지로 오늘도 절실합니다. 하나님이 침묵하시는 것 같은 이 현실을 어떻게 이해하고 설명해야 할지 고민해 보지만 '언젠가' 또는 '결국'과 같은 단어를 동원하지 않으면 설명이 되지 않아 참 난감합니다. 믿지 않는 사람들이 납득하지 못하는 이유입니다. '하나님이 세상을 다스리신다면, 그 하나님이 선한 분이라면 왜 세상에 악이 창궐하고 고통이 만연한가. 왜 하나님은 바로잡지 않으시는가. 하나님은 선하지 않거나 무능한 것이 아닌가' 하는 질문들을 던집니다.

에스겔은 예루살렘이 멸망하고 백성들은 포로가 되리라는 예언을 1년이 훌쩍 넘도록 전해 오고 있었습니다. 그런데 예루살렘에서나 바벨론에서나 별다른 일이 일어나지 않습니다. 상황은 변함이 없고, 그래서 사람들이 믿지 않고 비웃는데도 하나님은 여전히 같은 메시지를 계속해서 선포하라고 요구하십니다. 에스겔은 민망하고 난감했을 것입니다. 이런 처지는 우리도 마찬가지입니다. 하나님을 믿는다고 해도 오늘 당장 눈에 띄는 증거가 나타나지 않습니다. 우리는 하나님의 뜻이 완성될 종말을 바라보며 살아가지만 믿지 않는 사람들은 종말에 관심이 없습니다. 하나님을 모르는 그들의 세계관에 뚜렷한 징조나 증거로 답을 줄 수 없어 답답합니다. 우리가 할 수 있는 일이란 단지 그들과 다른 삶을 사는 것으로 증언하는 것뿐입니다. 지금 아무런 조짐이 없어도 마지막 심판이 분명히 있으며, 하나님의 뜻이 오늘도 이루어지고 있음을 아는 자로 살아야 합니다. 각 사람이 행한 대로 하나님이 심판하실 마지막이 있기에 두려운 마음으로 하나님의 뜻을 좇아 살아야 한다고 증언해야 할 책임이 우리에게 있습니다. 사람들은 보이지 않기 때문에 믿지 않습니다. 그러나 우리에게는 하나님이 이 세상을 심판하신다는 요한계시록의 비전이, 종말론적 신앙이 있습니다. 그러니 우리는 상황이 눈에 띄게 변하지 않는다 해도 하나님의 신실하심을 알기에 종말을 기대하고 준비하며 똑같은 오늘을 다른 기준으로 살아갑니다.

하나님이 백성들에게 주신 언약을 파기하지 않으시고 지켜가시기 위하여 어쩔 수 없이 예루살렘을 심판해야 하는 상황이 일어납니다. 그리고 에스겔에게 그것을 전하게 하십니다. 사람들은 그럴 리 없다고 생각합니다. 지금까지 아무 일 없었고, 예루살렘은 그 어떤 위기 속에서도 흔들리지 않은 성읍이었다는 역사적 경험이 있었기 때문입니다. 히스기야 왕 때 앗수르 제국의 군대가 팔레스타인 전역을 정복하고 예루살렘 목전까지 밀고 들어와 항복을 요구했습니다. 여러 나라의 그 어떤 신이 앗수르 왕의 손에서 자기 백성을 지킬 수 있었냐고 위협하며, 여호와도 너희를 지켜 줄 수 없으니 항복하라고 했습니다. 예루살렘이 포위되어 사람들이 굶어 죽던 와중에 하나님이 하룻밤 사이에 앗수르 군대 십팔만 오천 명을 치시고 물러가게 하셔서 예루살렘을 구원해 주셨습니다. 그로 말미암아 예루살렘은 하나님이 지키시는 성읍이라는 거의 미신적이기까지 한 확신이 유대인들에게 있었습니다.

한편, 바벨론의 느부갓네살 왕은 예루살렘을 멸망시킬 수 있는 충분한 힘을 가지고 있었을 때도 여호야긴 왕과 포로들을 사로잡아 가고 시드기야를 유다의 새로운 왕으로 세워 종교를 비롯한 자치권을 인정하며 복종을 요구했습니다. 그러니 느부갓네살 왕이 예루살렘을 멸망시키는 일은 절대 없을 것이라는 생각이 유대인 사회에서는 지배적이었습니다. 그러나 많은 사람의 생각과는 다르게 에스겔은 예루살렘이 느부갓네살 왕에 의해서 멸망할 것이고 그 안에 사는 사람들이 사로잡히리라고 예언합니다. 사람들은 믿지 않았고, 혹시 그런 일이 일어나더라도 최소한 느부갓네살 왕의 치세가 끝나고 난 먼 훗날의 일일 것이라고 생각했습니다. 그렇게 예루살렘을 향하여 여전한 기대와 소망을 품고 그리워하며 포로로 사는 것과 에스겔의 예언을 믿고 받아들이며 포로로 사는 삶은 다를 수밖에 없습니다.

오늘이 미래를 결정한다?

하나님의 뜻이 이루어진다고 하지만 징조가 뚜렷이 보이지 않고, 비전은 현실화되지 않습니다. 바벨론이 이스라엘 가까운 곳까지 차츰차츰 밀고 들어와도 예루살렘은 멸망하지 않고 있습니다. 겉으로는 평화를 유지하는 것처럼 보이던 어느 날 갑자기 느부갓네살 왕이 쳐들어옵니다. 과거가 현재를 만들고, 현재가 축적되어 미래가 결정된다고 믿는 것이 세상의 관점이라면 성경은 전혀 다른 관점으로 세상과 역사를 조망합니다. 세상과 역사의 운명은 하나님의 선한 뜻에 따라 이미 정해져 있기에, 비록 우리가 보기에는 하나님의 뜻과 명백히 반대되는 일이 일어날지라도 그 모든 일을 통하여 결국에는 하나님의 뜻이 성취되리라는 것이 성경의 일관된 주장입니다. 베드로후서 3장을 보겠습니다.

> 8 사랑하는 자들아 주께는 하루가 천 년 같고 천 년이 하루 같다는 이 한 가지를 잊지 말라 9 주의 약속은 어떤 이들이 더디다고 생각하는 것 같이 더딘 것이 아니라 오직 주께서는 너희를 대하여 오래 참으사 아무도 멸망하지 아니하고 다 회개하기에 이르기를 원하시느니라 10 그러나 주의 날이 도둑 같이 오리니 그 날에는 하늘이 큰 소리로 떠나가고 물질이 뜨거운 불에 풀어지고 땅과 그 중에 있는 모든 일이 드러나리로다 (벧후 3:8-10)

역사적 우주적 종말이 이를 때까지 믿는 사람들조차 그 일은 먼 훗날의 일일 것이라고 생각한다고 합니다. 예루살렘이 멸망할 때까지 유대인들이 보인 반응과 흡사합니다. 하나님이 선지자들을 보내셔서 수도 없이 멸망과 심판을 선포했으나 예루살렘에 사는 사람들이나 포로로 사로잡혀 가 있는 유대인들은 그런 일은 일어나지 않으리라고, 일어나더라도 먼 훗날의 일일 것이라고 생각했습니다. 멸망이 가까이 왔다고 하는데 별다른 조짐도 없고 비슷한 일도 일어나지 않습니다. 그래서 선지자들이 경고한 것보다 훨씬 먼 미래의 일이거나 잘못된 예언일 수도 있다고 생각했습니다. 그러나 멸망이 더딘 이유는 하나님에게 힘이나 의지가 없어서가 아니라, 하나님이 오래 참으시며 기회를 주고 계셨기 때문입니다.

하나님은 그들이 회개하고 돌이키기를 원하셨습니다. 그러니 남북 이스라엘의 멸망에 즈음하여 그토록 많은 선지자가 세워졌던 것입니다. 그러나 이스라엘 백성들은 듣지 않고 돌이키지 않아 결국 하나님이 선지자들을 통하여 경고하신 '그날'에 이릅니다. 기원전 586년 느부갓네살 왕이 예루살렘을 쳐 성벽을 헐고 성전을 훼파하며 그 가운데 사람들을 사로잡아 가, 예언대로 예루살렘과 이스라엘 땅은 황폐하게 됩니다.

사람들은 미래를 위해 오늘 잘 살아야 한다고, 당신이 사는 오늘이 당신의 미래를 결정한다고 말합니다. 그러나 성경은 전혀 다른 관점으로 시간과 역사를 바라보도록 안내합니다. 미래는 현재가 만드는 것이 아니라 하나님이 작정하신 것이라 말씀합니다. 그러한 관점에서 오늘을, 현재를 어떻게 마주하고 살아야 할지 잘 생각해 보라고 권면합니다. 베드로후서 3장 말씀을 조금 더 보겠습니다.

11 이 모든 것이 이렇게 풀어지리니 너희가 어떠한 사람이 되어야 마땅하냐 거룩한 행실과 경건함으로 12 하나님의 날이 임하기를 바라보고 간절히 사모하라 그 날에 하늘이 불에 타서 풀어지고 물질이 뜨거운 불에 녹아지려니와 13 우리는 그의 약속대로 의가 있는 곳인 새 하늘과 새 땅을 바라보도다 14 그러므로 사랑하는 자들아 너희가 이것을 바라보나니 주 앞에서 점도 없고 흠도 없이 평강 가운데서 나타나기를 힘쓰라 (벧후 3:11-14)

하나님이 이 영광된 자리로 우리를 부르십니다. 우리는 모든 물질이 불에 타고 녹아내리는 가운데 심판받아 소멸하는 존재가 아니라 하나님의 의로우심으로 충만한 새 하늘과 새 땅, 하나님의 나라를 누리게 될 거룩한 존재들입니다. 주님 앞에 점도 없고 흠도 없는 평강을 누리는 존재가 될 것입니다. '나는 너희의 하나님이 되고 너희는 내 백성이 되리라'라는 하나님의 오랜 약속과 비전이 온전히 성취되는 대상으로서 우리를 부르고 계십니다. 그러니 오늘을 어떻게 살아야 하겠습니까. 하나님의 말씀을 믿지 않고 하나님에 대한 기대도 전혀 없는 사람들과 다를 것 없는 일상과 정황을 똑같이 살아서야 되겠습니까. 한번 생각해 보라고 하나님이 물으시고 도전하십니다.

다시 에스겔로 돌아오면, 하나님이 멀지 않은 훗날에 예루살렘을 멸망시킬 것이라고 말씀합니다. 그러나 하나님이 이스라엘 백성들과 맺으신 언약은 파기되지 않는다고 합니다. 에스겔 11장에서는 심판의 메시지 속에서도 하나님의 비전이 드러나는 것을 볼 수 있습니다.

14 여호와의 말씀이 내게 임하여 이르시되 15 인자야 예루살렘 주민이 네 형제 곧 네 형제와 친척과 온 이스라엘 족속을 향하여 이르기를 너희는 여호와에게서 멀리 떠나라 이 땅은 우리에게 주어 기업이 되게 하신 것이라 하였나니 16 그런즉 너는 말하기를 주 여호와의 말씀에 내가 비록 그들을 멀리 이방인 가운데로 쫓아내어 여러 나라에 흩었으나 그들이 도달한 나라들에서 내가 잠깐 그들에게 성소가 되리라 하셨다 하고 17 너는 또 말하기를 주 여호와의 말씀에 내가 너희를 만민 가운데에서 모으며 너희를 흩은 여러 나라 가운데에서 모아 내고 이스라엘 땅을 너희에게 주리라 하셨다 하라 18 그들이 그리로 가서 그 가운데의 모든 미운 물건과 모든 가증한 것을 제거하여 버릴지라 19 내가 그들에게 한 마음을 주고 그 속에 새 영을 주며 그 몸에서 돌 같은 마음을 제거하고 살처럼 부드러운 마음을 주어 20 내 율례를 따르며 내 규례를 지켜 행하게 하리니 그들은 내 백성이 되고 나는 그들의 하나님이 되리라 21 그러나 미운 것과 가증한 것을 마음으로 따르는 자는 내가 그 행위대로 그 머리에 갚으리라 나 주 여호와의 말이니라 (겔 11 : 14-21)

하나님은 이러한 비전을 이루시기 위하여 예루살렘의 멸망조차 비극적 종결이 아니라 언약의 진정한 성취를 향하여 나아가는 과정으로 삼으십니다. 언젠가 우리가 사는 이 세상도 베드로후서의 말씀처럼 불에 녹아 풀어지는 전 우주적 종말을 맞게 될 것입니다. 그것이 먼 훗날의 일이라서 우리와 상관없다고 생각하는 사람이 있다면 참으로 미련한 사람입니다. 역사적 우주적 종말이 먼 훗날의 일이라 하여도 모든 사람은 '곧' 죽음이라는 개인적 종말을 맞이하게 될 것이기 때문입니다. 우주적 종말이든, 개인적 종말이든 우리가 맞이할 그 마지막 날은 우리 삶이 끝장나는 때가 아니라, 하나님이 우리를 향하여 목적하신 진정한 삶이 완성되는 날일 것입니다. 이것이 성경의 일관된 메시지입니다.

그러니 그날을 바라보고 사모하는 사람이라면 오늘 여기, 이 삶의 자리를 어떻게 지키며 살아야 마땅합니까. 세상 사람들과 똑같이 경쟁하고 거짓말하고 폭언하고 갑질하며 살면 되겠습니까. 하나님의 백성답게 살아야 합니다. '사랑하라. 하나님을 아버지로 모신 자녀답게 넉넉하게 살아라.' 하나님이 우리에게 권하십니다.

사회생활을 해 보면 세상은 우리 예상보다도 훨씬 더 살벌하고 팍팍한 곳임을 알게 됩니다. 그런 세상살이에서 배려하는 사람, 사랑이 많은 사람, 인격적인 사람을 만나면 사막 한가운데서 오아시스를 만난 듯한 기분이 들 것입니다. 이 세상에는 무엇이 필요할까요. 폭력과 악의와 두려움으로 가득 찬 세상에서 사랑을 아는 자, 사랑을 증거하는 자가 되라고 하나님이 우리를 부르십니다.

만약 보이는 이 세상이 전부라면, 우리의 짧은 생이 전부라면 손해를 감수하고 배려하며 살 수 없을 것입니다. 그러나 신자인 우리가 아는 세상은 표면적으로 눈에 보이는 세상과 다릅니다. 여기가 전부가 아닙니다. 하나님이 부조리하고 죄악으로 가득한 이 세상을 심판하시고 하나님의 의의 나라를 완성하실 때 우리는 그 나라를 상속받을 것입니다. 그러니 우리는 이 세상의 것들이 전부인 것처럼 세상 사람들과 경쟁하지 않아도 됩니다. 넉넉하신 하나님의 자녀들답게 용서하고 양보하고 사랑할 수 있습니다. 예루살렘의 멸망은 끝이 아니라 하나님이 백성들을 더 복된 자리로 인도하시기 위하여 거치는 한 과정이었듯이, 인류 역사의 종말과 개인의 삶의 종말 또한 하나님의 선하신 뜻이 완성되는 과정임을 아는 자답게 일희일비하거나 겁내거나 두려워하지 않고 하나님을 향한 깊은 신뢰로 주어진 현실을 잘 살아 내는 은혜가 있기를 바랍니다.

기도

하나님 아버지, 감사합니다. 오늘도 우리에게 말씀하시기를, 이 세상은 하나님께 속한 것이라고, 너희는 사람들이 믿든 믿지 않든 이 세상 속에서 그 사실을 증언하라고 내가 불러 세운 사람들이라고 하십니다. 하나님께서 우리에게 도전해 주셨습니다. 하나님, 우리가 하나님을 믿습니다. 하나님이 이 세상을 하나님의 뜻대로 완성하실 것을 믿습니다. 그것을 믿는 사람답게, 마지막 때가 온다는 것을 아는 사람으로서 하나님의 뜻을 행하며 다른 이들을 사랑하고 품어 주며 그들의 상처를 싸매며 그렇게 사는 복된 인생이 될 수 있도록, 사람들은 보지 못하는 것을 믿음의 눈으로 볼 수 있도록 우리의 눈을 열어 주시옵소서. 예수님의 이름으로 기도합니다. 아멘.

02

하나님이 가져오시는 현실

윤철규

11 그러므로 너는 회칠하는 자에게 이르기를 그것이 무너지리라 폭우가 내리며 큰 우박덩이가 떨어지며 폭풍이 몰아치리니 12 그 담이 무너진즉 어떤 사람이 너희에게 말하기를 그것에 칠한 회가 어디 있느냐 하지 아니하겠느냐 13 그러므로 나 주 여호와가 말하노라 내가 분노하여 폭풍을 퍼붓고 내가 진노하여 폭우를 내리고 분노하여 큰 우박덩이로 무너뜨리리라 14 회칠한 담을 내가 이렇게 허물어서 땅에 넘어뜨리고 그 기초를 드러낼 것이라 담이 무너진즉 너희가 그 가운데에서 망하리니 나를 여호와인 줄 알리라 15 이와 같이 내가 내 노를 담과 회칠한 자에게 모두 이루고 또 너희에게 말하기를 담도 없어지고 칠한 자들도 없어졌다 하리니 16 이들은 예루살렘에 대하여 예언하기를 평강이 없으나 평강의 묵시를 보았다고 하는 이스라엘의 선지자들이니라 주 여호와의 말씀이니라 (겔 13:11-16)

거짓 선지자들을 치시려는 하나님

에스겔서 12장 21절에서 14장 11절에는 이스라엘의 우상 숭배를 질책하는 내용이 나옵니다. 특별히 하나님의 말씀에 귀를 기울이지 않고 점을 치며 자기들이 만들어 낸 주술적 방법들을 더 의지하는 사람에 대해서 주님이 '나는 여호와다. 나는 그들을 심판할 것이다'라며 계속해서 말씀하시는 대목입니다.

　이 부분을 읽다 보면 '나는 여호와다. 내가 여호와인 줄을 그들이 알게 하겠다'라는 구절이 굉장히 여러 번 반복되는 것을 확인하게 됩니다. 그러니 하나님이 이스라엘의 잘못을 지적하시고 급기야는 예루살렘 성벽이 무너지는 지경에까지 그들을 몰아붙이시는 것은 단지 노를 쏟아붓기 위함이 아닙니다. 화를 내시는 그분이 누구신가, 그분이 바로 하나님이시구나, 우리는 그 하나님 앞에 서 있을 수밖에 없는 존재구나, 라는 것을 이스라엘에게 다시 한번 깨닫게 하기 위하여 그렇게 하십니다. 이 사실을 기억할 필요가 있습니다.

본문 말씀은 굉장히 신랄한 어조로 기록되어 있습니다. 13장 1절부터 16절에서 하나님은 거짓 예언을 했던 남자 선지자들을 향해 그들의 행위를 질책하시고 심판을 예고하십니다. 그리고 17절부터 23절까지에서는 여자 예언자들을 공격하시는데, 그들은 주문이나 부적으로 자신들의 안정을 꾀하려고 했던 것 같습니다. 17절을 보면 본문 말씀에 이어지는 지적들이 나옵니다.

> 17 너 인자야 너의 백성 중 자기 마음대로 예언하는 여자들에게 경고하며 예언하여 18 이르기를 주 여호와의 말씀에 사람의 영혼을 사냥하려고 손목마다 부적을 꿰어 매고 키가 큰 자나 작은 자의 머리를 위하여 수건을 만드는 여자들에게 화 있을진저 (겔 13:17-18 상)

이 말씀을 요즘 시대에 그대로 적용하여 지금도 머리에 수건을 쓰거나 모자를 쓰면 벌을 받는다고 해석해서는 안 됩니다. 그 당시에는 주술적이거나 종교적인 목적으로 수건을 만드는 여자들이 있었던 것 같습니다. 일종의 부적 같은 것입니다. 또한 그들은 '우리가 손목마다 이것을 차고 있으면 괜찮을 거야. 멸망을 면할 수 있을 거야'라고 말하기도 했다고 합니다. 하나님이 이어서 말씀하십니다.

18 너희가 어찌하여 내 백성의 영혼은 사냥하면서 자기를 위하여는 영혼을 살리려 하느냐 (겔 13:18 하)

"그렇게 꼬드기는 여인들아. 지금 너희가 하는 행위는 나의 백성들의 영혼을 사냥하는 행위와 같다. 내 백성에게 그렇게 하는 것을 나는 두고 볼 수 없다. 내 백성의 영혼을 사냥하는 너희를 모두 없애 버리겠다." 주님이 이렇게 말씀하시는 것입니다. 20절도 같은 맥락입니다.

20 그러므로 나 주 여호와가 이같이 말하노라 너희가 새를 사냥하듯 영혼들을 사냥하는 그 부적을 내가 너희 팔에서 떼어 버리고 너희가 새처럼 사냥한 그 영혼들을 놓아 주며 21 또 너희 수건을 찢고 내 백성을 너희 손에서 건지고 다시는 너희 손에 사냥물이 되지 아니하게 하리니 내가 여호와인 줄을 너희가 알리라 (겔 13:20-21)

여기서 말하는 수건은 주술적이거나 종교적인 목적으로 사용되는 수건입니다. 여기서 이 구절이 다시 강조되어 언명됩니다. '내가 여호와인 줄을 너희가 알리라.' 그리고 23절이 이어집니다.

23 너희가 다시는 허탄한 묵시를 보지 못하고 점복도 못할지라 (겔 13:23 상)

점을 쳐서 앞날을 예언하는 일을 할 수 없게 만드실 것이라고 합니다.

23 내가 내 백성을 너희 손에서 건져내리니 내가 여호와인 줄을 너희가 알리라 하라 (겔 13 : 23 하)

여기서도 '내가 여호와인 줄을 너희가 알리라'라고 주님이 강력하게 말씀하십니다. 이 이야기들은 13장 앞부분에서 지적하는 내용과 이어져 있는 대목입니다. 앞으로 가서 1절부터 읽어 보겠습니다.

1 여호와의 말씀이 내게 임하여 이르시되 2 인자야 너는 이스라엘의 예언하는 선지자들에게 경고하여 예언하되 자기 마음대로 예언하는 자에게 말하기를 너희는 여호와의 말씀을 들으라 (겔 13 : 1-2)

하나님의 마음을 따라, 하나님이 주시는 계시를 따라 예언하는 참된 예언자들과 자기 마음의 소욕을 따라 자기 멋대로 예언하는 예언자들을 대비하고 있습니다.

3 주 여호와의 말씀에 본 것이 없이 자기 심령을 따라 예언하는 어리석은 선지자에게 화가 있을진저 (겔 13 : 3)

이들이 왜 문제일까요. 이들은 하나님으로부터 들은 음성이나,

하나님으로부터 받은 묵시나 환상이 없는데, 자기들에게 그런 일이 일어난 것처럼 꾸며 내고 있습니다. 이런 기록이 함의하는 바는 그 당시 유다에 예레미야나 에스겔 같은 선지자들 말고도 거짓 예언자들이 굉장히 많았다는 것입니다. 그들 중에는 각각 다양한 신들의 이름으로 예언을 하는 이들도 많았겠지만, 어떤 이들은 "여호와께서, 우리는 하나님이 보호하시니 괜찮을 것이라고 말씀하셨다. 예레미야나 에스겔 같은 사람들이 우리나라가 망하고 성전이 무너질 것이라는 하나님의 말씀을 들었다고 하는데, 하나님이 나에게는 그렇게 말씀하지 않으셨다"라고 하며 참된 선지자의 예언을 반박했던 것입니다. 4절은 이렇게 이어집니다.

> 4 이스라엘아 너의 선지자들은 황무지에 있는 여우 같으니라 (겔 13:4)

우리 문화권에서도 '여우같은 짓을 한다'라는 표현이 있습니다. 지금 에스겔서의 맥락에서도 얄밉고 책임지지 않는 행동을 하는 선지자들을 '황무지에 있는 여우'에 비유하고 있습니다.

> 5 너희 선지자들이 성 무너진 곳에 올라가지도 아니하였으며 이스라엘 족속을 위하여 여호와의 날에 전쟁에서 견디게 하려고 성벽을 수축하지도 아니하였느니라 6 여호와께서 말씀하셨다고 하는 자들이 허탄한 것과 거짓된 점괘를 보며 사람들에게 그 말이 확실히 이루어지기를 바라게 하거니와 그들은 여호와가 보낸 자가 아니라 7 너희가 말하기는 여호와의 말씀이라 하여도 내가 말한 것이 아닌즉 어찌 허탄한 묵시를 보며 거짓된 점괘를 말한 것이 아니냐 (겔 13:5-7)

그들은 이스라엘 족속에게 실제로 도움이 되는 일을 하나도 하지 않았다는 것입니다. 한 사람이 담을 보수하거나 세우는 데, 아무 도움도 안 주는 여우가 옆에서 깐죽깐죽하듯이 거짓 선지자들이 유다 백성들에게 그런 식의 행동을 하고 있다고 하나님이 지적하십니다. 옆에서 시끄럽게 떠들고, 엄한 말로 훈계하고, 이것이 여호와의 말씀이라고 이리저리 이야기를 하긴 하는데, 그들의 이야기는 유다 백성들의 안전을 보장하는 일에 아무 도움이 안 된다고 말씀하십니다. 그래서 8절에서는 하나님이 그들을 칠 것이라고 말씀하십니다. 그리고 10절 말씀입니다.

10 이렇게 칠 것은 그들이 내 백성을 유혹하여 평강이 없으나 평강이 있다 함이라 (겔 13:10 상)

'지금 너희에게는 평강이 없다. 유다는 곧 멸망할 것이다'라는 것이 하나님이 주시는 예언입니다. 그런데 '괜찮다! 우리는 안전할 것이다'라고 거짓 예언을 하는 자들이 있으니 주님이 그들을 가만두지 않겠다고 말씀하십니다.

우상 숭배에 분노하시는 이유

유다 백성들이 거짓 선지자들의 음성을 들으며 자기들이 괜찮을 것이라고 생각하게 된 이유 중 하나는 무엇일까요? 앞에서 읽은 17절 이하에 나옵니다. '우리는 손목에 부적을 하고 있으니까 괜찮을 거야. 주술적인 효과가 좋은 수건이나 모자를 쓰고 있으니까 괜찮을 거야'라는 생각 때문입니다.

이렇게 말하고 생각하는 이들에게 "그런 것들이 정말 너희의 안전을 보장해 줄 것이라고 생각하느냐? 나는 그런 너희를 가만히 두지 않겠다"라고 주님이 말씀하십니다.

에스겔 7장부터 11장까지에서는 유다가 멸망하는 이유, 성전이 무너질 수밖에 없는 이유를 이야기합니다. 그들의 우상 숭배가 얼마나 심했는가를 구체적으로 폭로하고 있습니다. 마찬가지로 지금 여기서도 이스라엘이 진정으로 의지해야 할 대상인 여호와 하나님을 의지하지 않고 자기 나름의 방식대로 자신의 안녕만을 추구하면서 하나님의 대척점에 서 있는 것, 하나님의 노를 불러일으키는 행위를 하는 것에 대해서 주님이 신랄하게 비판하고 계십니다.

구약 성경에는 우상 숭배를 향한 하나님의 질책, 하나님의 진노를 나타내는 표현들이 빈번하게 등장합니다. 그 표현들은 굉장히 강렬한데 그만큼 이스라엘의 우상 숭배가 뿌리 깊다는 뜻입니다. 왜 그렇게 우상 숭배에서 벗어날 수가 없었을까요? 아마 '본전 생각' 때문에 그런 것 같습니다. 사람들이 왜 인형 뽑기 기계 앞에서 못 벗어납니까? '내가 지금까지 넣은 동전만 해도 몇 갠데, 이렇게 돈을 버리고 갈 수는 없다. 반드시 인형을 하나라도 뽑아야지' 하며 본전 생각에서 벗어나지 못하기 때문입니다. 이런 행동은 '인형을 뽑아야겠다. 혹은 뽑지 말아야겠다'라거나 '인형을 뽑을 때까지 계속 시도하는 것이 나은 행동이다. 아니면 여기서 그만하고 돌아가는 것이 나은 행동이다'라는 것에 판단의 기준이 있지 않습니다. '내가 지금까지 이만큼 공을 들였다'라는 것이 판단의 기준이 됩니다.

이런 것들이 사람의 마음을 강력하게 움켜잡습니다. 이런 것들이 우리를 붙잡아 집착하는 행동에서 벗어나지 못하게 만듭니다. 현실 인식을 제대로 못하게 하는 것입니다. 내가 그동안 이만큼 했기 때문에, 내가 그동안 투여한 재정 때문에, 내가 지금까지 쏟아부은 시간 때문에 그 행위에서 벗어나지 못하는 것입니다. 상황을 객관적으로 판단하는 것이 아니라, 내가 이만큼 공을 들였으니 벗어날 수 없다고 스스로에게 암시를 걸고 있는 것입니다.

우상 숭배는 바알이든, 아세라든, 돌로 만든 것이든, 나무로 만든 것이든 표면적으로는 어떤 대상을 향해 경배 행위를 하는 것이 주요한 행동으로 드러나겠지만, 핵심은 따로 있습니다. 진짜 우상은 우상을 향하여 있는, 우상을 섬기는 '나 자신'입니다. 우상에게 정성스럽게 절을 하는 '나', 때가 되면 우상에게 예물을 바치는 '나', 바로 나 자신의 행위가 스스로를 올무에서 벗어나지 못하게 하는 것입니다. 사람은 누구나 자기가 하는 행위나 판단이 기준이라고 생각합니다. 자기가 자기에게 기준이 됩니다. '나는 잘하고 있어'라는 자기변명이나 자기 합리화 같은 것들이 바로 우상 숭배와 깊숙이 결부되어 있습니다.

하나님이 우상을 향해서, 우상을 숭배하는 이스라엘을 향해서 분노하시는 이유는 그 신들이 하나님과 경쟁 관계에 있어서가 아닙니다. 아세라든, 바알이든, 담무스든, 그따위 우상들이 하나님에게 무슨 고려의 대상이 되겠습니까. 미국 드라마 중에 이런 내용이 있습니다. 여러 신이 있는데 사람들이 섬기는 정도에 따라서 신의 가치와 힘이 강해집니다. 그러니 신들이 사람들의 마음을 더 많이 얻기 위해서 서로 경쟁을 하는 것입니다. 이건 드라마 내용일 뿐입니다. 실제로는 그런 식으로 생각할 수 없습니다. 하나님이 분노하시는 이유는 분명합니다. 하나님이 만드신 인간이 우상 숭배를 하여 하나님의 창조 목적에 부합하는 인간다운 삶을 살지 못하기 때문에 분노하시는 것입니다.

모호함을 견뎌야 하는 자유

인간답다는 것은 무엇일까요? 하나님이 인간을 창조하셨을 때에 목적하셨던 내용을 떠올려 봅시다. 여러 가지가 있지만, 하나님은 아담과 하와를 만드시고 그들에게 인간만이 가질 수 있는 아주 독특하고도 중요한 특권을 주셨습니다. 그것은 선악과를 따먹을 수도 있거나 따 먹지 않을 수도 있는 '선택권'이었습니다. 그 선택권의 다른 이름은 바로 '자유'입니다. 사실 자유는 엄청난 가치를 지니고 있습니다. 그런데 자유에는 하나님을 거부할 수도 있는 위험성이 수반되어 있습니다. 하나님을 거부하는 것은 악입니다. 선하신 하나님이 악의 가능성을 허용하시는 일은 위험 부담이 상당히 큽니다. 그러나 그 위험 부담보다 하나님이 인간에게 주시는 자유가 더 크다는 것입니다. 이것이 인간의 가치입니다. 그래서 이 자유에는 필연적으로 모호함이 수반됩니다.

제가 예전에 철이 없었을 때는 함께하는 청년들에게 그들의 인생 방향과 진로를 정해 주곤 했습니다. "너는 이렇게 살아야 해. 너는 저렇게 살아야 해. 이거 해 봐. 저거 해 봐." 그런데 시간이 갈수록, 사람은 옳다고 생각하는 답을 따라간다고 훌륭해지고 성숙해지는 것이 아니라는 사실을 알게 되었습니다. 오히려 모호함 속에서 헤매는 시간, '이게 뭐지?' 하는 시간을 겪어야 합니다.

자유가 지니고 있는 부작용 중 하나는 확실히 결정된 것이 없으니 무엇을 선택해야 할지 모르는 막막함을 견뎌야 한다는 것입니다. 그런데 자기가 직접 선택을 하고 그 선택에 책임을 지고 마침내 그 책임 때문에 겪게 되는 상황을 직접 견디는 일들이 사람을 키운다는 것을 알게 되었습니다.

어떤 미식가가 쓴 글 중에 인상적으로 와닿은 구절이 있습니다. '미식의 세계를 경험하기 위한 첫 단계는 자기가 스스로 식당을 결정해 보는 것이다'라는 제안이 담긴 글입니다. 자기가 직접 식당을 골라 보고, 음식 맛을 보고, 맛에 어떤 차이가 있는지 생각해 봐야 그 세계를 경험한다는 것입니다. 그런 경험이 쌓이면 그 세계에 대한 이해가 깊어지고, 그 깊어진 이해를 가지고 다른 사람들에게도 영향을 끼칠 수 있게 됩니다.

하나님은 우리를 로봇으로 만들지 않으셨습니다. 인간의 특징 중 하나는 모호함입니다. 우리도 우리 마음을 잘 모를 때가 많습니다. 이런 말을 하곤 합니다. "내가 뭘 원하는 건지 나도 잘 모르겠어." 제 아내도 그렇습니다. 어느 날 저녁에 먹을 메뉴를 정할 때였습니다. "치킨 먹을까?" "너무 기름져서 안 돼." "막국수 먹을까?" "면이라서 안 돼." "그럼 뭘 먹고 싶어?" "나도 모르겠어." 인간은 원래 이렇습니다. 자기가 뭘 좋아하고, 어떤 선택을 해야 하고, 무엇이 자기에게 더 맞는지, 사실 자기 자신도 잘 모릅니다. 나는 이런 걸 좋아하는구나, 나는 이런 음악을 좋아하는구나, 나는 이런 음식을 좋아하는구나, 나는 이런 취향을 가지고 있구나, 나는 이런 사람이구나, 같은 것을 처음부터 단번에 알 수 있는 사람은 없습니다. 아무 음악도 들어 본 적이 없는데, 나는 록 음악을 좋아해, 혹은 나는 재즈를 좋아해, 라고 하면서 그때부터 록만 찾아 듣고, 재즈만 찾아 듣고, 클래식만 찾아 듣는 사람은 없습니다. 자기가 무엇을 좋아하는지 알기 위해서는 먼저 이것도 들어 보고, 저것도 들어 봐야 합니다. 예를 들어 어느 날 한 선배가 나에게 어느 록 그룹 이야기를 했는데, 세 시간 동안 설명을 하는 바람에 나도 모르게 그 세계에 발을 들이게 되면서, 이것도 들어 보고, 저것도 들어 보고, 저건 내 취향이 아니네, 저건 내가 원하는 게 아니네, 이거야말로 내 취향이네, 하다 보면 자기의 취향이 생기는 것입니다. 나아가 그런 취향들이 그 사람의 캐릭터를 만들고 그 사람의 스타일을, 인생의 모습을 결정짓는 데 영향이 됩니다. 중요한 것은 그것들이 만들어지기 전에는 어쩔 수 없이 모호한 시간들을 충분히 감수해야 한다는 것입니다.

인생에서 모든 것이 분명하게 딱딱 주어지는 일은 없습니다. 우리는 인간이기 때문입니다. 하나님은 우리에게 자유를 주셨습니다. 그 자유를 가지고 하나님을 향하도록 하셨지만, 하나님을 거부할 수 있는 기회까지도 주셨습니다. 이토록 하나님은 우리를 고귀한 존재로 만드셨습니다.

막막함을 견디지 못하는 우상 숭배

그러면 우상이란 무엇일까요? 주술이란 무엇일까요? 점을 치는 행위란 무엇일까요? 바로 그 모호한 시간을 자기가 인위적으로 줄이려고 하는 것입니다. 예전에 한국 교회에 '은사주의'가 한창 인기를 끌었습니다. 하나님의 뜻은 무엇인지 잘 모르겠고, 내가 구원을 받았는가, 내가 진짜 하나님의 사람인가를 확인하기가 애매한데, 갑자기 막 뜨거운 마음이 들면서 방언을 하게 되면, 아, 나는 하나님이 선택한 사람이구나 하는 마음이 드는 것입니다. 이런 분위기에서는 하나님이 나를 선택하셨는지, 내가 정말 하나님의 사람인지, 혼자 고민하고 갈등하는 과정을 거칠 필요가 없습니다. 은사주의는 곧바로 '나는 하나님이 선택한 사람이구나. 내 신앙은 괜찮구나'라고 여기게 합니다. 시간을 압축하여 빠른 결과를 만들어 내는 효과가 있었던 것입니다.

사실 한국 교회뿐만 아니라 한국 사회 전체가 그런 시절을 겪었기 때문에 그것에 대해 잘했다, 잘못했다를 논하고 싶은 마음은 없습니다. 우리는 그 이후 시대를 살고 있습니다. 이제 한 걸음 더 나아가야 합니다. 한국 사회는 그동안 무슨 일이든 압축해서 빨리 이루는 것을 미덕으로 삼아 왔습니다. 그러나 그것을 통해 발생하는 부작용들을 많이 경험했습니다. 그래서 이제는 무조건 빨리 외형을 갖추는 것, 빨리 결과를 내는 것, 빨리 명망 있는 자리에 올라서는 것이 능사가 아니라는 사실에 대해 우리 모두에게 이해가 생겼습니다.

그런데 그런 이해가 생겼다고 더욱 큰 확신과 견고함 위에 서게 되었습니까? 아닙니다. 더 불편합니다. 더 막막합니다. 이전 세대를 보면 굉장히 분명하고 명확한 시대를 살았습니다. 졸업하면 직장에 취직하고, 직장에 들어가면 정년퇴직 때까지 수십 년 동안 일하고, 퇴직하면 연금 받고, 하는 식으로 비교적 명확한 삶을 살았습니다. 반면 우리는 어떤 자리에 올라서는 게 인생의 중요한 목표가 될 수 없음을 절감하는 세대입니다. 우리는 이전 세대의 결과물들, 그들이 이룬 일의 명암과 부작용들을 다 경험했습니다. 그 결과 이전 세대와는 다른 이해를 가지게 되었습니다. 그래서 우리는 더 명쾌한 삶을 살게 되었습니까? 아닙니다. 이제 우리는 스스로 무엇을 선택해야 하고, 남들은 괜찮다고 하는 자리인데도 나 스스로는 만족이 되지 않는, 그래서 '이게 무엇인가'라는 질문을 던지는 자리, 더 커진 불확실함과 모호함과 애매함을 감수해야만 하는 자리에 와 있습니다.

그런데 이런 점이 인간이 누리는 중요한 특권 중 하나라고 말하고 싶습니다. 우리나라 근현대사를 한번 떠올려 봅시다. 불확실한 요소가 완전히 제거된 시대가 있었습니까? 과거를 생각해 봅시다. 1920년대 즈음 태어났으면 확실한 안정을 누리면서 살았을까요? 아닙니다. 그 시대가 얼마나 애매하고 혼돈스러웠습니까. 1950년대 즈음 살았으면 괜찮았을까요? 60년대? 70년대? 80년대? 90년대? 곰곰이 생각해 보면 확실성이 보장된 시대란 없습니다. 사람은 언제나, 어느 나라에 살든지 자기 앞날이 막막하기 마련입니다. 자기 앞에 놓인 현실의 문제가 자기가 가진 문제 해결 능력보다 더 커서, 늘 큰 파도를 대면하고 사는 것같이 느껴지는 법입니다. 그런데 그런 상황 속에서 느끼는 막막함과 모호함을 쉬운 방법으로 해결하지 말라는 이야기를 본문 말씀을 통해서 전하고 싶습니다.

그렇다면 확실한 것은 무엇일까요? 우리가 살아 있다는 것입니다. 한 인생을 살고 있다는 것입니다. 이 살아 있다는 사실 앞에서는, 인생에서 겪는 모든 일들이 어떻게 보면 부수적인 이야기에 불과합니다. 좀 더 확장해서 이야기해 보겠습니다. 부부 관계를 유심히 살펴보면 별일이 다 일어납니다. 친구 관계에서도 별일이 다 일어납니다. 싸우기도 하고, 미워하기도 하고, 성질을 내기도 하고, 사랑하기도 하고, 이해하기도 합니다. 그런데 발생하는 그 일 자체보다 더 본질적이고 더 확실한 것은 무엇입니까? 부부 관계로 묶여 있다는 것, 친구 관계로 묶여 있다는 것, 부모와 자식 관계로 묶여 있다는 것입니다. 따라서 관계가 더 본질적인 것입니다. 관계 안에서 일어나는 일들은 그 관계를 전제로 하고 있기 때문에, 내가 그와 어떤 관계를 맺고 있는가, 이 관계가 무엇을 의미하는가를 헤아리는 것이 훨씬 중요합니다.

관계라는 것은 굉장합니다. 관계의 대상이 눈앞에 보이지 않을 때에도 그 관계 때문에 서로의 영향력 안에 있습니다. 우정은 꼭 서로의 눈앞에서 함께 밥을 먹고, 함께 운동을 하고, 함께 여행을 해야 깊어지는 것이 아닙니다. 이미 우정의 관계가 형성되면 서로 함께할 수 없고, 수년간 떨어져 있더라도 떨어져 있는 시간만큼 우정이 더 깊어지는 역설이 있습니다. 살면서 이런 것들을 경험합니다.

친구와 나 사이에서 벌어진 일보다는 그와 내가 친구 관계라는 점이 훨씬 큰 것입니다. 주님이 우리에게 뭐라고 하십니까. '너희는 내 친구다. 이스라엘아, 너희는 내 백성이다. 너희는 내 자녀다.' 이런 유비들이 의미하는 바가 무엇입니까. 이스라엘의 삶, 그들의 역사 가운데서 벌어지는 일들 중에는 그들이 기대하는 일도 있고, 기대하지 않는 일도 있을 것입니다. 하지만 발생하는 일들 자체는 본문이 될 수 없습니다. 그들이 하나님과 관계를 맺고 있다는 사실이 훨씬 더 중요합니다. 구약의 선지자들과 성경은 이 사실을 끊임없이 강조하고 있습니다.

신앙은 강제나 공포로 강요할 수 없습니다. 한 남자가 사랑하는 여자에게 아니면 한 여자가 사랑하는 남자에게 공포나 술수를 사용하여 강압적으로 사랑을 얻어 낼 수 없는 것과 마찬가지입니다. 신앙의 핵심은 공포나 협박이 아닌 자발성입니다.

그런데 하나님 편에서 생각해 봅시다. 하나님과 인간 사이의 인격적 관계를 소중하게 고려하지 않는 이스라엘, 하나님이 주신 자유를 남용하여 하나님이 가장 싫어하시는 괴물 같은 행동을 하는 이스라엘에 대해서 하나님이 어떻게 침묵하실 수 있겠습니까. 하나님이 살아계시고, 그들을 사랑하신다면 어떻게 가만히 계실 수 있겠습니까.

사람들이 왜 부적을 만들었겠습니까? 왜 우상을 숭배했겠습니까? 하나님을 버리고 그렇게 행동한 것이 아닙니다. 그들은 이렇게 말합니다. "우리는 여전히 하나님을 섬긴다. 하나님이 우리와 함께하신다. 우리는 복 받은 백성이다. 우리는 택함 받은 백성이다. 부적과 우상은 그런 사실을 확증하는 하나의 방편으로 이용한 것에 불과하다." 하지만 하나님은 그런 행동을 두고 볼 수 없다고 말씀하십니다.

우리는 이런 말씀을 통해서 하나님이 우리를 인도하시려는 방향이 우리의 생각을 넘어서는 것임을 알게 됩니다. 우리는 우리의 현실에 붙잡혀 있습니다. 여기서 말하는 현실은 자기 눈앞의 현실입니다. 자기 욕망이 투영된 현실입니다. 내가 통제할 수 있는 것, 내게 익숙한 것, 내가 좋다고 생각하는 것을 토대로 만들어진, 내 인식의 틀에 근거한 현실입니다. 그런 거짓 현실성이 바로 우상 숭배가 자라나는 토양이 됩니다. 하나님이 그것을 거부하겠다고 하십니다.

왜곡된 현실 인식

우상을 섬기는 거짓 예언자들이 사람들에게 끊임없이 했던 말이 무엇입니까. '평안하다. 평안하다'입니다. 이 상태로 괜찮다, 우리는 안 망한다, 우리는 하나님의 백성이기 때문이다, 우리에게는 성전이 있기 때문이다, 우리가 해 오던 일들을 계속할 수 있을 것이다, 하나님도 섬기고 다른 신들도 섬기는 행위를 계속할 수 있을 것이다, 우리는 안전하고 우리의 지위는 변하지 않을 것이다, 우리의 현실은 유지될 것이다, 라고 하는 말들이 '너희는 평안할 것이다'라는 말에 들어 있는 함축적 의미입니다. 그런데 하나님이 더 이상 그 꼴을 보지 않겠다고 말씀하십니다. 왜 그러실까요? 거기를 넘어서지 않으면, 하나님과 그분의 언약 백성인 이스라엘의 관계가 역동적이고 인격적이고 자발적인 관계가 아니라 그저 절기와 제사와 율법의 몇 조항만 지키면 충분하다고 여기는 기계적인 관계에 머물기 때문입니다. 하나님은 기계가 아닙니다. 인간도 기계가 아닙니다. 하나님은 자유를 가지신 분입니다. 인간도 자유를 누리도록 자발성을 부여받았습니다. 하나님은 이러한 사실을 알게 하려고, 평안 자체를 목적하며 부적을 사용하는 유다의 백성들과 그런 그들의 마음에 기대어 예언하는 이들의 현실을 철저히 깨십니다. 그들의 현실을 계속해서 깨십니다. 그래야 그들의 현실이 하나님이 원하시는 현실로 변모될 수 있기 때문입니다.

모든 사람은 자기가 기준입니다. 자기가 태어난 곳이 기준이고 자기에게 익숙한 것이 기준이고 자기가 해 오던 일들이 기준입니다. 그래서 처음에는 좋은 의도로 시작했던 일들이 시간이 지나면서 악한 일로 변질되기도 합니다. 그런데 하나님은 우리가 익숙하게 여기는 생각들을 깨 버리십니다. '우리는 그동안 이렇게 해 왔으니까 괜찮아. 하나님이 우리를 돌보실거야'라고 하는 백성들의 순진한 기대를, 그들의 현실을 확 뒤집어엎는 것으로 깨십니다.

우리는 이런 말씀 앞에서, 우리에게 익숙한 일이라고 해서 그것이 언제나 옳다고 생각하면 안 된다는 교훈을 얻을 수 있습니다. 제 후배의 부모님이 계란 도매상을 하셨습니다. 그분들은 가게 주변에 있던 큰 교회에 다니셨는데 그 교회 담임 목사님의 행위가 상식적으로 너무 말이 안 된다고 여겨 더 이상 교회를 다닐 수 없겠다고 판단했습니다. 그래서 그만 다니려고 했더니 그 교회 신도들이 협박을 했답니다. "당신이 이 교회를 나가면 계란 장사를 계속할 수 있을 거 같아?" 무시무시한 협박입니다. 중요한 거래처와 고객이 전부 그 교회와 엮여 있었기 때문입니다.

처음에는 호의로 시작했을 것입니다. '이왕이면 같은 교회에 다니는 사람에게서 계란을 삽시다'라는 생각에서 그런 유대 관계가 형성되었을 것입니다. 그렇게 호의라고 생각하며 시작했던 '교인 봐주기'가 시간이 지나면서 하나의 기득권을 형성하고, 교회가 하나님 나라의 가치를 드러내기보다, 일종의 이익집단이 되는 일들을 많이 볼 수 있습니다.

점술이나 주술을 행하거나 주문을 외우거나 부적을 가지는 문제도 마찬가지입니다. 현실에 있는 왜곡된 구조가 바뀌어야 각 개인과 사회가 한 걸음 더 나아갈 수 있습니다. 그러나 점을 치는 행위, 부적을 의지하는 행위는 구조를 개혁하여 현실 문제를 해결하려 하지 않고, '잘될 거야'와 같은 말들로 대충 포장해서 현실 문제를 넘어가 버리는 것입니다. 때우고 덮어 버리는 것입니다. 자기 자신은 변화할 마음도 없으면서 욕망은 이루고 싶을 때 하는 행동이 부적을 지니고 우상을 찾는 것입니다. 그런 것들을 '자기기만'이라고 할 수 있습니다.

그런데 하나님이 자기기만에 머물러 있는 우리의 현실 인식을 깨기 위해서 하나님의 현실을 가지고 오시는 것입니다. 왜 그렇게 하실까요? 그렇게 하지 않으면 우리가 가진 인식 구조가 깨지지 않기 때문입니다. 이것이 깨지지 않으면 하나님에 대한 이해, 인간에 대한 이해, 세상에 대한 이해가 깊어질 수 없습니다. 그래서 하나님은 때로 우리가 감당할 수 없는 현실로 우리에게 들어오시는 것입니다. 우리가 겪을 미래는 언제나 하나님의 현실입니다. 우리의 어제와 오늘의 안녕을 뒤흔드는 그 일을 통해 우리는 하나님의 음성을 듣게 됩니다. '이 세상에서 네가 의지할 것은 아무것도 없다. 그동안 너는 너의 신체 조건, 너의 부모, 너의 지식, 네가 가지고 있던 소유를 의지했으나, 나는 네가 고작 그런 것들로 만족하는 것에 만족할 수 없다.' 하나님은 이렇게 말씀을 이어가십니다. '너 또한 그런 것들로 만족할 수 없는 자리에 이르도록 내가 이끌겠다.'

우리가 기존에 가지고 있던 자원이나 능력으로는 감당할 수 없는 내일로 하나님이 우리를 찾아오시는 이유입니다. 그것이 없다면 우리 삶에 무슨 성숙이 있고, 무슨 깊어짐이 있겠습니까.

이런 하나님의 일하심 때문에 우리가 공동체 안에 모여 있어 힘든 것입니다. 집에 혼자 있으면 힘든 일을 겪지 않아도 됩니다. 그런데 함께 모여서 '정말 좋은 관계인 줄 알았는데, 우리의 관계는 변하지 않을 줄 알았는데, 내 뒤통수를 치다니'라고 하는 경험들을 하는 이에게 복이 있을 것입니다. 그는 지금 하나님의 깊은 사랑을 받고 있기 때문입니다.

말이 안 되는 상황을 경험하고, 다른 이가 나에게 말이 안 되는 상황을 만들어 내는 것까지도 견디겠는데, 때로는 내가 내 말을 뒤집어엎는 행동을 해서 마음이 어려운 경우도 있습니다. 그런데 그 일들을 통해서 하나님이 '과거의 나', '오늘의 나'에 익숙한 나를 깨시고 하나님이 원하시는 '내일의 나'로 바꿔 가시는 것입니다.

당신의 백성들이 보다 나은 이해를 갖도록, 그들이 하나님이 원하시는 현실 인식을 갖도록, 당신의 이름과 명예가 걸린 예루살렘 성벽과 성전도 무너뜨리셨는데 교회 하나쯤이야 못 무너뜨리시겠습니까. 주님은 '인간이 만든 모든 구조물들, 인간이 높이려고 하는 것들에 너희 안심을 두지 마라. 너희가 진정으로 안심을 가져야 할 대상은 나 여호와 하나님, 너희와 함께하는 하나님, 너희의 자발적 헌신과 항복을 요구하는 하나님이다. 나에게 너희의 모든 것이 걸려 있다'라고 에스겔을 통해서 유다에게 말씀하십니다. 그리고 성경을 통해서 오늘 이 시대에도 여전히 말씀하고 계십니다. 그 주님 앞에 믿음으로 함께 나아가는 우리가 되기를 권면합니다.

기도

하나님, 감사합니다. 주님이 우리에게 가지고 오시는 오늘과 내일은, 어제에 익숙한 우리로서는 감당하기 어렵고 버거울 때가 많습니다. 그러나 주님은 그 일들을 우리로 하여금 망하게 하지 않으십니다. 오히려 그 일들을 통해 우리가 하나님보다 더 의지하고 내세웠던 것들을 내려놓게 하시며, 주님을 더욱더 바라봄으로 주님과의 관계를 더욱 깊어지게 만드십니다. 그 일들을 하나님의 거룩하시고 온화하시며 세심하신 손길인 줄로 믿습니다. 주님이 가져오시는 미래에 우리 자신을 내어 드립니다. 우리 인생이, 우리 존재가, 우리가 가지고 있는 모든 재능과 소유와 우리가 이룰 수 있는 모든 가능성이 주께 있음을 고백합니다. 주여, 우리를 사용하여 주시고 우리로 하나님 안에서 하나님과 함께 더 깊어지는 인생을 살아갈 수 있게 하옵소서. 그 일을 위해 우리에게 복을 허락하여 주옵소서. 우리의 구주이신 예수 그리스도의 이름으로 기도합니다. 아멘.

03

답하지 않으시는 질문

강선

1 이스라엘 장로 두어 사람이 나아와 내 앞에 앉으니 2 여호와의 말씀이 내게 임하여 이르시되 3 인자야 이 사람들이 자기 우상을 마음에 들이며 죄악의 걸림돌을 자기 앞에 두었으니 그들이 내게 묻기를 내가 조금인들 용납하랴 4 그런즉 너는 그들에게 말하여 이르라 나 주 여호와가 말하노라 이스라엘 족속 중에 그 우상을 마음에 들이며 죄악의 걸림돌을 자기 앞에 두고 선지자에게로 가는 모든 자에게 나 여호와가 그 우상의 수효대로 보응하리니 5 이는 이스라엘 족속이 다 그 우상으로 말미암아 나를 배반하였으므로 내가 그들이 마음먹은 대로 그들을 잡으려 함이라 6 그런즉 너는 이스라엘 족속에게 이르기를 주 여호와의 말씀에 너희는 마음을 돌이켜 우상을 떠나고 얼굴을 돌려 모든 가증한 것을 떠나라 7 이스라엘 족속과 이스라엘 가운데에 거류하는 외국인 중에 누구든지 나를 떠나고 자기 우상을 마음에 들이며 죄악의 걸림돌을 자기 앞에 두고 자기를 위하여 내게 묻고자 하여 선지자에게 가는 모든 자에게는 나 여호와가 친히 응답하여 8 그 사람을 대적하여 그들을 놀라움과 표징과 속담거리가 되게 하여 내 백성 가운데에서 끊으리니 내가 여호와인 줄을 너희가 알리라 9 만일 선지자가 유혹을 받고 말을 하면 나 여호와가 그 선지자를 유혹을 받게 하였음이거니와 내가 손을 펴서 내 백성 이스라엘 가운데에서 그를 멸할 것이라 10 선지자의 죄악과 그에게 묻는 자의 죄악이 같은즉 각각 자기의 죄악을 담당하리니 11 이는 이스라엘 족속이 다시는 미혹되어 나를 떠나지 아니하게 하며 다시는 모든 죄로 스스로 더럽히지 아니하게 하여 그들을 내 백성으로 삼고 나는 그들의 하나님이 되려 함이라 주 여호와의 말씀이니라 (겔 14:1-11)

우상으로 채워진 마음

이스라엘의 장로들이 선지자 앞에 나아와 하나님을 찾고 있습니다. 선지자와 마찬가지로 여기에 포로로 끌려와 있는 사람들입니다. 이런 상황 가운데에서 하나님을 찾아온 것을 보면, 하나님의 말씀이 간절한 모양입니다. 그런데 이어지는 내용을 보면 분위기가 좋지 않습니다.

> 2 여호와의 말씀이 내게 임하여 이르시되 3 인자야 이 사람들이 자기 우상을 마음에 들이며 죄악의 걸림돌을 자기 앞에 두었으니 그들이 내게 묻기를 내가 조금인들 용납하랴 (겔 14:2-3)

하나님은 앞에 나와 있는 장로들이 아니라 선지자에게 말씀하십니다. 그들이 물어 와도 그들에게는 답하지 않겠다고 하십니다. 어이가 없으시다는 듯, 선지자에게 '여기 와서 이 사람들 좀 봐라' 하시는 것 같습니다. 여기 '용납하랴'라는 단어를 어떤 영어 성경은 'consult'라는 단어로 옮겼습니다. 장로들이 하나님에게 이른바 '컨설팅'을 받으러 온 것인데, 하나님은 응대하지 않겠다고 하시는 것입니다. '그들은 상담하겠다고 왔으나, 나는 그 상담에 응하지 않겠다.'

이런 면모는 우리가 아는 하나님의 모습과 달라 보이기에 질문이 생깁니다. 하나님은 언제나 이스라엘을 사랑하시는 분이고, 옛적부터 여러 차례 이들을 절대 버리지 않겠다고 다짐하셨던 분인데, 어떻게 이스라엘의 장로들을 이렇게 대하시나 싶습니다.

지금 하나님은 이스라엘을 사랑하지 않겠다고 하시는 것이 아닙니다. 이스라엘을 향한 하나님의 마음은 한결같습니다. '그들을 내 백성으로 삼고 나는 그들의 하나님이 되려 함이라 주 여호와의 말씀이니라'(겔 14:11). 이스라엘은 언제나 하나님에게 귀중한 대상입니다. 그러니 이 상태로는 이스라엘을 마주할 수 없다고 하시는 것입니다. 무엇이 문제였을까요.

장로들과 하나님 사이에 뭔가가 있습니다. 하나님이 이 사람들의 상태를 말씀하십니다. 이들은 '자기 우상을 마음에 들이며, 죄악의 걸림돌을 자기 앞에 두었'(겔 14:3)다고 합니다. 하나님과 이 사람들 사이에는 우상, 곧 죄악이라는 걸림돌이 있습니다.

하나님을 찾아왔다고는 하나, 이들은 하나님을 직접 만날 수 없습니다. 하나님과 이들 사이를 가로막는 것이 있기 때문입니다. 하나님의 말씀을 듣겠다고 와 있으나, 이들의 마음에는 하나님의 말씀이 닿을 수 없습니다. 이들 스스로가 세운 우상이 이들 마음 앞에 떡 버티고 있습니다. 그냥 막기만 하고 있는 것이 아니라, 마음이 우상으로 채워져 있습니다.

마음이 우상으로 채워져 있다니, 그것을 어떻게 알 수 있을까요. 이들이 자주 하는 말이 있었습니다.

> 21 여호와의 말씀이 또 내게 임하여 이르시되 22 인자야 이스라엘 땅에서 이르기를 날이 더디고 모든 묵시가 사라지리라 하는 너희의 이 속담이 어찌 됨이냐 (겔 12:21-22)

하나님이 현장 조사라도 하신 듯 선지자에게 말씀하십니다. 이스라엘 땅을 돌아다녀 보면, 자주 들리는 속담이 있답니다. '날이 더디고 모든 묵시가 사라지리라.' 새번역 성경에는 이렇게 나와 있습니다. '세월이 이만큼 흐르는 동안, 환상으로 본 것치고 그대로 이루어진 것이 있더냐.' 하나님이 말씀하신다고 해도, 뭐 하나 제대로 이루어지는 것이 없더라는 말이 마치 역사의 교훈이라도 되는 듯 속담으로 온 땅에 흘러 다닙니다. 또 이런 말도 있습니다.

> 27 인자야 이스라엘 족속의 말이 그가 보는 묵시는 여러 날 후의 일이라 그가 멀리 있는 때에 대하여 예언하였다 하느니라 (겔 12:27)

선지자가 뭔가를 말하면, 백성들이 선지자에게 말한답니다. '당신이 보는 환상은 먼 훗날에나 이루어질 것이며, 당신이 예언하는 말은 아득히 먼 훗날을 두고 한 것이다.' 하나님이 무엇을 말씀하시기는 한다지만, 아무리 들어 보아도 자기들의 삶과는 상관이 없더라는 정서가 여기 담겨 있습니다. 가슴에 와닿도록 실감나는 이야기가 없고, 다 멀게만 느껴지고, 내 구체적 삶과는 상관이 없는 원론적 이야기이기만 하다고 평하는 것입니다. 우리도 하나님의 말씀을 대할 때 그런 생각을 할 때가 있으니, 낯설지 않은 모습입니다. 성경을 읽고 나서 '그건 나도 아는데, 그래서 어쨌다는 건가' 하는 마음이 우리에게도 있습니다.

이것이 이스라엘 땅에 살고 있는 사람들뿐만 아니라, 여기 와 있는 장로들의 태도이기도 하다면, 하나님의 말씀을 듣겠다고 왔어도 무슨 이야기인들 제대로 들을 수 있겠는가 싶습니다. 장로들은 마치 간이라도 보러 온 것 같은 모습입니다. '말씀만 하시면, 그 말씀에 비추어 제 삶을 돌아보겠습니다' 하는 태도가 아닙니다. '어디 말씀 좀 해 보십시오. 저희가 들어 보고 결정하겠습니다'와 같은 마음으로 여기에 와 앉아 있는 것입니다.

이런 상태에서 하나님의 말씀을 듣기란 거의 불가능합니다. 이런 태도로는 하나님의 말씀은커녕 누구의 말도 제대로 듣기가 어렵습니다. 이스라엘 사람들은 하나님의 말씀에 빈정대고 있습니다. '언제 그대로 된 적이 있는가. 맨날 그 얘기다. 알 수 없는 말만 할 뿐이다.'

이런 태도를 보이는 사람들에게 하나님의 말씀이 인상적인 것으로 다가가려면 어떻게 되어야 할까요. 하나님의 말씀이 이들의 예상대로 딱딱 들어맞고, 이들의 구체적인 상황에 즉각적으로 적용되어야 합니다. 즉, 하나님의 말씀이 이들의 마음에 딱 맞게 제시되어야 하는 것입니다. 아직 의혹을 품고 있는 고객을 상대하는 세일즈맨처럼, 하나님도 마치 고객을 상대하듯 말씀하셔야 합니다. '제게 5분만 내 주시면, 그렇구나 싶으실 거예요. 바쁘시겠지만, 잠깐이면 제 말에 설득되실 겁니다.' 이스라엘 사람들은 지금 하나님에게 이런 걸 바라고 있습니다.

그러나 하나님이 그의 백성을 고객처럼 맞으시는 걸까요. 그럴 리가 없습니다. 하나님이 이들을 대하시는 방식은 이렇습니다.

> 4 그 우상을 마음에 들이며 죄악의 걸림돌을 자기 앞에 두고 선지자에게로 가는 모든 자에게 나 여호와가 그 우상의 수효대로 보응하리니 5 이는 이스라엘 족속이 다 그 우상으로 말미암아 나를 배반하였으므로 내가 그들이 마음먹은 대로 그들을 잡으려 함이라 (겔 14:4 하-5)

'나 여호와가 그 우상의 수효대로 보응하리니'라고 하십니다. 그 많은 우상들로 마음을 채우고 왔으니, 그에 걸맞게 답변하겠다고 하시는 겁니다. 그 답변의 내용은 '배반한 그들을 내가 잡으려 한다'라는 것입니다. 하나님이 이들을 체포하겠다고 하십니다.

이들과 같은 태도로는 하나님에게 들을 수 있는 말이 없습니다. 그들을 기다리고 있는 것은 그들 마음에 맞는 솔깃한 해결책이 아니라, 체포당하는 일입니다. 이런 상태로는 하나님에게 나아와 얻을 수 있는 것이 없습니다. 갖고 있던 것도 빼앗기게 됩니다.

이들이 하나님에게 정말 얻고 싶은 것은 사실 하나도 없을 것입니다. 마음속은 우상으로 가득 차 있으니, 하나님에게 바라는 것은 그다지 큰 것이 아닙니다. 마음이 우상으로 채워졌으니 이미 자기들의 판단은 섰고, 하나님은 그 결정에 힘이 되어 주시기만 하면 됩니다. 그 정도를 바라고 나온 것입니다.

앞서 12장에 기록된 속담에서 보듯이, 이스라엘 사람들은 자신들이 이 모든 일을 해석하고 판단하는 주체라고 생각합니다. 자기들이 모든 일의 판단자이자 주인공이라고 여기고 있습니다. 자기들의 기준에 하나님이 맞춰 주면 된다는 것입니다. '고객이 왕이다'라는 말을 이미 알고 있던 것처럼 말입니다. 그러나 이들이 얻을 수 있는 것은 '전혀' 없습니다.

> 7 이스라엘 족속과 이스라엘 가운데에 거류하는 외국인 중에 누구든지 나를 떠나고 자기 우상을 마음에 들이며 죄악의 걸림돌을 자기 앞에 두고 자기를 위하여 내게 묻고자 하여 선지자에게 가는 모든 자에게는 나 여호와가 친히 응답하여 8 그 사람을 대적하여 그들을 놀라움과 표징과 속담거리가 되게 하여 내 백성 가운데에서 끊으리니 내가 여호와인 줄 너희가 알리라 (겔 14:7-8)

나름의 요구를 들고 온 장로들에게 하나님이 말씀하십니다. '너희를 내 백성 가운데에서 끊으리라. 이로써 너희는 내가 여호와인 줄 알리라.'

이것은 하나님이 열받으셔서, 새삼스럽게 힘을 쓰셔서 벌어지는 일이 아닙니다. 아무리 우상으로 마음을 채워도 돌아오는 것은 없습니다. 제 나름껏 판단을 하고 대단한 일을 도모해도 그들의 결과는 백성 가운데서 끊어지는 것입니다. 마음을 그런 것으로 채우면 그렇게 끝나기 마련입니다.

이 사람들은 판단은 자기들이 하고, 하나님에게는 마음의 격려 정도만 받으면 된다고 여기고 있습니다. '모든 일이 잘될 거야. 지금은 포로로 있지만, 선지자들에게 이제 곧 돌아갈 것이라는 말만 들어도 힘이 날 거야'라고 생각합니다. 필요한 것은 그저 마음의 위안이 될 말씀 정도입니다. 그러나 그들에게 필요한 것은 마음의 위안이 아니라, 그들의 몸과 마음을 아우르는 총체적 구출이었습니다. 이대로라면 그들은, 자기들 마음의 바람과 버무려진 우상과 함께 죽어 갈 것입니다. 우상은 이들을 건지지 못합니다.

거짓 선지자들

이 사람들을 죽음으로 나아가도록 부추긴 이들이 있었습니다. 그들은 바로 선지자들이었습니다.

> 9 만일 선지자가 유혹을 받고 말을 하면 나 여호와가 그 선지자를 유혹을 받게 하였음이거니와 내가 손을 펴서 내 백성 이스라엘 가운데에서 그를 멸할 것이라
>
> (겔 14 : 9)

선지자들인데 유혹을 받습니다. 자기들을 찾아온 사람들의 요구에 부응해야 한다는 압박입니다. 백성들이 자기들 마음대로 살게 된 데에는 선지자들의 도움이 컸습니다. 선지자들이 이들 편을 들어 준다면, 사람들은 불편한 마음 없이 원하는 대로 살아갈 수 있습니다. 이런 선지자의 예가 13장에 나옵니다.

> 2 인자야 너는 이스라엘의 예언하는 선지자들에게 경고하여 예언하되 자기 마음대로 예언하는 자에게 말하기를 너희는 여호와의 말씀을 들으라 3 주 여호와의 말씀에 본 것이 없이 자기 심령을 따라 예언하는 어리석은 선지자에게 화가 있을진저 (겔 13:2-3)

여기 선지자들은 자기 마음대로 예언하고 있습니다. 본 것도 없이 자기 심령을 따라 예언합니다. '어리석은 선지자'들입니다. 그들은 자기 마음대로, 자기 심령을 따라 예언합니다. 14장에도 비슷한 표현이 반복됩니다. '자기 우상을 마음에 들이며'(14:3, 4, 7). 이스라엘 사람들의 모습이기도 합니다. 이 선지자들은 자기 마음에 있는 것을 예언이라고 들려줍니다. 듣는 사람들은 좋기만 합니다. 자기들 마음에도 있는 것이기 때문입니다.

이것이 선지자가 유혹받는 상태입니다. 사람들이 원하는 것을 하나님의 말씀이라고, 하나님이 원하시는 것이라고 말하고 있습니다. 그렇게 고객의 마음을 채워 줍니다.

물론 하나님은 이런 예언을 인정하지 않으십니다. "너희가 말하기는 여호와의 말씀이라 하여도 내가 말한 것이 아닌즉 어찌 허탄한 묵시를 보며 거짓된 점괘를 말한 것이 아니냐"(겔 13:7). 헛된 환상과 가짜 점괘이니, 실상과는 무관한 마음의 바람일 뿐입니다. 이런 바람에 날리는 말들을 하나님이 직접 인용까지 하십니다.

10 그들이 내 백성을 유혹하여 평강이 없으나 평강이 있다 함이라 어떤 사람이 담을 쌓을 때에 그들이 회칠을 하는도다 (겔 13:10 하)

16 이들은 예루살렘에 대하여 예언하기를 평강이 없으나 평강의 묵시를 보았다고 하는 이스라엘의 선지자들이니라 (겔 13:16 상)

평화가 없는데도 평화가 있다고 소리 높입니다. 담의 겉에만 번지르르하게 회칠을 하는 것과 같습니다. 제대로 담을 쌓아 방비를 해야 하는데, 멀쩡해 보이도록 겉에 칠만 하면 된다고 하는 것입니다. 이처럼 실제와는 상관없이 마음이 원하는 대로, '지금은 걱정할 필요 없어. 저 담은 무너지지 않을 거야'라는 말을 하나님 말씀이라며 들려줍니다. 이런 예언은 어떤 결말을 맞게 됩니까.

11 그러므로 너는 회칠하는 자에게 이르기를 그것이 무너지리라 폭우가 내리며 큰 우박덩이가 떨어지며 폭풍이 몰아치리니 12 그 담이 무너진즉 어떤 사람이 너희에게 말하기를 그것에 칠한 회가 어디 있느냐 하지 아니하겠느냐 13 그러므로 나 주 여호와가 말하노라 내가 분노하여 폭풍을 퍼붓고 내가 진노하여 폭우를 내리고 분노하여 큰 우박덩어리로 무너뜨리리라 14 회칠한 담을 내가 이렇게 허물

어서 땅에 넘어뜨리고 그 기초를 드러낼 것이라 담이 무너진즉 너희가 그 가운데에서 망하리니 나를 여호와인 줄 알리라 (겔 13:11-14)

그런 식으로 계속 말한다고 해서 실상을 견디겠느냐고 하나님이 말씀하십니다. 이런 예언으로는 어떤 벽도 쌓을 수 없습니다. 사람들의 마음을 채우는 우상은 실제와 무관한 마음의 바람일 뿐이니, 실제를 견디게 하지도, 새로운 현실을 만들어 주지도 않습니다.

17 너 인자야 너의 백성 중 자기 마음대로 예언하는 여자들에게 경고하며 예언하여 18 이르기를 주 여호와의 말씀에 사람의 영혼을 사냥하려고 손목마다 부적을 꿰어 매고 키가 큰 자나 작은 자의 머리를 위하여 수건을 만드는 여자들에게 화 있을진저 너희가 어찌하여 내 백성의 영혼은 사냥하면서 자기를 위하여는 영혼을 살리려 하느냐 19 너희가 두어 움큼 보리와 두어 조각 떡을 위하여 나를 내 백성 가운데에서 욕되게 하여 거짓말을 곧이 듣는 내 백성에게 너희가 거짓말을 지어내어 죽지 아니할 영혼을 죽이고 살지 못할 영혼을 살리는도다 (겔 13:17-19)

거짓 예언은 영혼을 사냥합니다. 이런 예언을 좇는다면, 영혼은 사냥될 것입니다. 하나님의 말씀을 제대로 듣는다면 죽지 않을 수 있는데, 마음의 우상들로부터 나온 말에 귀를 기울인다면, 살 영혼도 죽습니다. 거짓은 살 영혼도 죽입니다. 그리고 모두를 죽입니다.

22 내가 슬프게 하지 아니한 의인의 마음을 너희가 거짓말로 근심하게 하며 너희가 또 악인의 손을 굳게 하여 그 악한 길에서 돌이켜 떠나 삶을 얻지 못하게 하였은즉 (겔 13:22)

하나님의 분노가 느껴집니다. 이런 선지자들은, 하나님이 슬프게 하지 않으신 자들까지도 근심하게 합니다. 하나님이 주지 않으신 근심을 그들에게 드리웁니다. 그리고 악한 자들을 더욱 굳세게 그 길로 가게 하여 멸망에 이르게 합니다. 그렇게 거짓 예언은 모든 삶을 갉아먹습니다.

이들도 하나님의 말씀을 전하는 사람이라고 하는데, 거짓 선지자로 판단받고 있습니다. 그래서 무서운 말씀을 듣습니다. 이들은 '거짓말'을 하기 때문입니다.

거짓말이란 실상을 반영하지 않는 말입니다. 실제와는 맞아 들어가지 않는 말, 실제와는 상관없는 말입니다. 위안이 되고 마음이 따뜻해지는 말이기는 했겠지만, 현실과는 상반된 말입니다.

돌이켜 떠남

다시 14장으로 오면, "선지자의 죄악과 그에게 묻는 자의 죄악이 같은즉 각각 자기의 죄악을 담당하리니"(겔 14:10)라고 합니다. 거짓 선지자나 그들에게 묻는 백성이나 다 같이 죗값을 치를 것입니다.

> 8 그 사람을 대적하여 그들을 놀라움과 표징과 속담거리가 되게 하여 내 백성 가운데에서 끊으리니 내가 여호와인 줄을 너희가 알리라 9 만일 선지자가 유혹을 받고 말을 하면 나 여호와가 그 선지자를 유혹을 받게 하였음이거니와 내가 손을 펴서 내 백성 이스라엘 가운데에서 그를 멸할 것이라 (겔 14:8-9)

거짓 선지자는 제거될 것입니다. 그들에게 물으러 온 자들도 하나님의 백성 가운데에서 끊어질 것입니다. 그런 백성과 선지자들은 모두 제거될 것입니다.

왜 제거될까요. 왜 그들은 망할 수밖에 없을까요. 마음을 편하게 하려고, 문제를 문제가 아니라고 버티고 중요한 것을 중요하지 않다고 고집부리기 때문입니다. 이 상태를 그대로 지속한다면 아무런 해결책이 없습니다. 그래서 하나님이 누누이 말씀하십니다.

> 6 그런즉 너는 이스라엘 족속에게 이르기를 주 여호와의 말씀에 너희는 마음을 돌이켜 우상을 떠나고 얼굴을 돌려 모든 가증한 것을 떠나라 (겔 14:6)

이 말씀은 본문 맥락과 잘 어울려 보이지 않습니다. 앞뒤가 다 심판의 말씀이기 때문입니다. 심판의 폭풍 속에 모두가 다 빠져 죽는 바다 한가운데서 빼꼼히 솟아오른 섬 같습니다. 앞뒤 없이 갑자기 마음을 돌이키라고 합니다.

마음을 돌이키라는 것은 '회개하라'라는 말입니다. '우상을 떠나고, 모든 가증한 것을 떠나라.' 이스라엘 사람들은 이대로 가면 그대로 망하게 될 것입니다. 이런 때에 등장하는 유일한 해결책이 '돌이켜 떠나라'입니다. 돌이켜 떠나지 않는 한, 어떤 해결도 없습니다.

돌이켜 떠난다는 것, 회개란 무엇입니까. 무엇으로부터 돌이키며, 무엇을 떠나야 하는 것일까요. 내 마음을 떠나는 것입니다. 내가 바라는 소원, 내게 익숙한 위로를 떠나는 것입니다. 그렇게 삶을 이제까지와는 다르게 바라보기 시작하는 것입니다.

우리는 하나님을 재촉하곤 합니다. '답을 주십시오. 제발, 마음에 위로가 되게, 격려가 되게 저를 설득해 보십시오.' 우리는 얼마나 자주 이렇게 내가 출제를 하고서는 하나님에게 문제를 푸시라고 내미는 것일까요.

회개란 내가 문제를 내고, 하나님에게 답하시라고 하는 것이 아닙니다. 문제는 하나님이 출제하시는 것임을 인정하는 것입니다. 문제인지 아닌지는 하나님이 결정하십니다. 하나님이 문제라고 하시면 문제인 것이고, 하나님이 문제가 아니라고 하시면 문제가 아닌 것입니다.

내가 문제라고 여기는 것을 생각해 봅시다. 우리 삶에는 해결하고 싶은 인생의 짐들이 많이 있습니다. 우리는 기도하며 하나님이 도우시기를 구합니다. 그런데 본문 말씀이 가르칩니다. 도우심을 구하기 전에 먼저 스스로에게 물어보라고 합니다. 우리의 그 간절한 소원이 진짜 문제인지, 정말 하나님이 우리에게 풀라고 하시는 문제인지 돌아보라고 합니다.

우리는 언제나 잘못 판단하는 경향이 있습니다. 연륜이 있는 어른들이 젊은 사람들에게 하는 말이 있습니다. '그거 아무것도 아니야. 지금은 그것 말고 다른 걸 신경 써야 해.' 애가 탄 젊은 세대는 그 말을 따르지 않습니다. 괜찮다고 해도 계속 괴로워하고, 신경 써야 한다는데 무시하고 삽니다. 지나고 보면 아무것도 아닐 일에 붙잡혀 있습니다. 그러면서 정말 중요한 주제는 흘려보냅니다. 우리는 그렇게 우리가 출제한 문제에 목을 매며 사는 것입니다.

하나님이 말씀하십니다. '그렇게는 어떤 일도 해결되지 않는다. 그런 식으로는 네 인생에 어떤 빛도 비치지 않을 것이다.' 문제를 풀겠다고 그토록 애쓰고 노력해 왔는데, 오히려 하나님의 나라로부터 끊어지는 결과가 기다린다고 경고하시는 것입니다.

마음의 위안

우리는 여기서 '마음의 위안'에 대해 생각해 볼 수 있습니다. 우리에게는 위로가 필요합니다. 격려해 주는 목소리, 편안함을 주는 다독임은 우리를 살아 있게 합니다. 그래서 우리는 따뜻한 목소리, 든든한 지지를 찾아다닙니다. 그런데 본문 말씀이 우리를 멈춰 세웁니다.

마음의 위안 같은 것은 그리 중요하지 않습니다. 사실, 삶에서 마음에 위안을 받는 일은 거의 없습니다. 있다고 해도 순간의 일입니다. 우리 삶의 대부분은 아무런 감흥 없이 지나가는 평범하기 이를 데 없는 시간으로 채워집니다. 밋밋한 시간으로 채워진다고 해도 인생에 무슨 문제가 있는 것은 아닙니다. 마찬가지로 불안하고 초조하다고 해도 인생에 무슨 문제가 있는 것은 아닙니다.

여기 포로로 잡혀 와서 한 치 앞도 보이지 않는 장로들에게 하나님이 주시는 말씀을 다시 봅시다. 하나님은 이들의 문제에 전혀 신경을 쓰지 않으시는 것 같습니다. 그렇다고 하나님이 이들의 삶을 아무것도 아닌 것으로 여겨 무시하는 것은 아닙니다. 그분은 무정한 분도 아니고, 이스라엘 백성을 무시하는 분도 아니지만, 이들이 듣고 싶어 하는 이야기는 전혀 하지 않으십니다.

그러니 하나님에게 자꾸 내 마음을 만져 달라고 떼쓰지 맙시다. 하나님이 사랑하신다면 사랑하시는 겁니다. 내 마음에 무엇이 느껴지든 아니든, 하나님의 손길이 경험되든 아니든, 하나님이 사랑하신다고 하면, 하나님이 아끼신다고 하면, 그런 겁니다. 하나님은 거짓말을 하는 분이 아니시니, 그렇게 받아들이고 살면 됩니다.

하나님은 하나님의 방식대로 우리를 향해 사랑을 쏟으십니다. 우리 마음속에 어떤 느낌이 오든, 우리 마음이 어떤 상태이든, 우리의 심리 상태가 어떻든 간에, 하나님의 말씀이 사실이라면, 거기에 근거해 살아야 합니다. 거짓 선지자들이 이스라엘 사람들에게 어떻게 했는지 다시 한번 봅시다.

18 이르기를 주 여호와의 말씀에 사람의 영혼을 사냥하려고 손목마다 부적을 꿰어 매고 키가 큰 자나 작은 자의 머리를 위하여 수건을 만드는 여자들에게 화 있

을진저 너희가 어찌하여 내 백성의 영혼은 사냥하면서 자기를 위하여는 영혼을 살리려 하느냐 (겔 13 : 18)

거짓 선지자들이 손목마다 부적을 꿰어 준답니다. 부적은 일종의 표시입니다. '하나님이 당신을 사랑합니다'라는 표시입니다. 그런 표적을 손목에 달고 살면, 얼마나 든든하겠습니까. 그런데 하나님은 '화 있을진저'라고 하십니다.

이 거짓 선지자들은 친절하기도 합니다. 키가 큰 자나 작은 자나 그에 맞춰 그들의 머리를 위하여 너울을 만들어 줍니다. 키가 어떻든 다 맞춰 주는 겁니다. 상황이 어떻든 다 맞춰서 답을 줍니다. 상황에 따라 그 마음을 위로합니다. 어떤 상황이든 답을 제시해 주니 얼마나 위로가 될까요. 그렇게 마음에는 위로가 되는데, 실제로는 그 일이 영혼을 사냥하는 것이라고 합니다.

신자로 사는 우리에게도 이런 바람이 있습니다. 어려운 일이 많지만 그래도 이 인생이 헛되지 않다고, 하나님이 나를 사랑하신다고, 우리에게 뭔가 보여 주시면 얼마나 좋을까 싶습니다. 이 인생이 실패로 끝나지 않는다고, 하나님이 인도하시니 결실할 것이라고 작게라도 표시를 남겨 주시면 좋겠습니다. 우리의 요동치는 마음에 맞춰 때마다 알맞게 위안이 온다면 얼마나 좋을까요. 그런데 그렇게 되면 영혼이 사냥당할 것이라고 합니다.

그러니까 교회에 와서 설교를 들을 때 늘 마음에 감동이 되고 위로가 된다면, 한 발짝 물러서서 생각해 볼 필요가 있습니다. 설교자와 내가 한패가 되어 망하는 길로 가는 것은 아닐까 물을 수 있습니다. 이것이 포로로 잡혀 온 장로들에게 하나님이 하시는 말씀입니다.

다른 삶

그들은 계속 물었을 것입니다. '우리는 언제쯤 돌아갈 수 있을까요. 하나님을 모르는 바벨론은 언제쯤 망하고, 우리가 하나님의 백성답게 당당히 귀환할 수 있을까요.' 하나님은 장로들의 마음을 다 아시면서도 이렇게 답하십니다. '너희는 포로인 채로 그냥 살면 된다.'

이후 역사를 알고 있는 우리는 포로로 잡혀 온 이 사람들이 50년은 지나야 돌아갈 수 있다는 것을 압니다. 50년이면 두 세대는 내려가 손자 대입니다. 그러면 내 자식들은 어떻게 됩니까. 자식들은 빛을 하나도 못 보고 살 것입니다. 그런데도 하나님은 이렇게 말씀하십니다. '너희가 손자 대까지 포로인 채로 이런 삶을 계속 산다고 해도 걱정할 필요 없다. 내가 너희를 사랑하기 때문이다.'

하나님은 '내가 너희를 사랑하니, 나를 믿고 가만히 좀 있어라. 무엇을 보겠다고 하지 마라. 내 사랑을 믿어라. 내 약속을 믿어라. 그것을 붙들고 살면 된다. 그런데도 왜 자꾸 무엇을 보여 달라고, 자꾸만 격려해 달라고, 어떻게 위로 없이 살 수 있겠느냐고, 내 앞에 와서 요구하느냐' 하고 말씀하시는 것입니다. 하나님이 이들을 사랑하신다는 것은 조상 대대로 거듭 확인된 사실입니다. 하나님은 그것을 붙들고 살면 된다고 하십니다.

이 장로들과 달리, 하나님의 말씀, 곧 실제와 묶여 있는 그 말씀에 근거하여 산다면 어떤 삶이 열릴까요. 하나님의 말씀을 진지하게 여긴다면, 이스라엘의 장로들은 언제 집에 갈까 하는 생각 때문에 이삿짐도 풀지 못하고 돌아갈 날만 꼽으며 오늘을 보내지는 않을 것입니다.

언제 집에 돌아갈지는 더 이상 문제가 아닙니다. 예레미야 선지자가 이야기했던 것처럼, 이 땅에서 밭을 갈며 씨앗을 뿌려 결실을 보고 포도주를 마시며 제대로 살 것입니다. 그들은 하나님이 여기서도 얼마든지 멋지게 그들의 삶을 보존하실 수 있음을 경험하며 누릴 것입니다. 그들의 과제는 언제 고향으로 돌아갈지가 아니라, 하나님이 말씀하신 대로 거기서 50년 잘 사는 것입니다.

우리의 문제도 그렇습니다. 우리도 이스라엘 백성이 하는 질문을 하고 삽니다. 언제 진학할까, 언제 취업할까, 언제 좋은 직장으로 옮길까, 언제 결혼할까, 어디로 이사 갈까, 언제 집을 살까, 이런 것이 우리의 문제입니다.

하나님이 말씀하십니다. '그것이 내가 출제한 문제인지 돌아보아라.' 걱정한다고 결혼을 빨리하는 것도 아니고, 걱정한다고 공부가 잘되는 것도 아니고, 걱정한다고 나를 기다리는 직장이 갑자기 생기는 것도 아닌데, 지금 이 자리에서 하나님의 언약을 믿고 당당하게 살아 볼 수 없겠느냐고 말씀하시는 것입니다.

하나님은 우리의 소소한 부름에는 잘 답하지 않으시지만, 절대 취소되지 않을 약속을 이렇게 선언하십니다.

11 이는 이스라엘 족속이 다시는 미혹되어 나를 떠나지 아니하게 하며 다시는 모든 죄로 스스로 더럽히지 아니하게 하여 그들을 내 백성으로 삼고 나는 그들의 하나님이 되려 함이라 주 여호와의 말씀이니라 (겔 14:11)

우리는 이스라엘처럼 하나님의 백성으로 부름받은 사람들입니다. 하나님이 사랑하신다고 약속하신 사람들입니다. 우리 인생은 그저 흘러가는 것이 아니라, 하나님의 선한 뜻 안에 자리하고 있는 것이라고 말씀하십니다. 이런 하나님의 백성으로 살아 보라고 우리를 초대하시는 것입니다.

거짓 선지자들과 그들을 따르던 자들이 모두 제거된 후에 여기 남겨질 백성들은 어떤 사람들일까요. 이들은 잘못한 일 하나 없는, 마음에 우상이라고는 하나 없는 사람들일까요. 그렇지 않을 것입니다. 이들도 똑같은 사람들입니다. 그러나 이들은 이 말씀에 귀 기울였던 사람들입니다. "그런즉 너는 이스라엘 족속에게 이르기를 주 여호와의 말씀에 너희는 마음을 돌이켜 우상을 떠나고 얼굴을 돌려 모든 가증한 것을 떠나라"(겔 14:6).

이들은 회개하고 떠난 이들입니다. 마음을 채웠던 우상, 자신들의 판단을 떠나서 돌이켜 하나님의 시각에서 자신들에게 주어진 인생을 바라보기로 한 사람들입니다. 이렇게 사는 이들에게 결실 있는 삶이 기다리는 것입니다. 우리도 자기의 판단이 아니라 하나님의 판단을 따라 인생을 바라보기로 한다면, 하나님은 우리의 하나님이 되실 것입니다. 하나님은 우리를 선한 길로 인도하시며 하나님의 백성으로 살게 하실 것입니다.

이런 부름이 오늘 우리에게도 열려 있습니다. 늘 마음을 돌이켜 우상과 모든 가증한 것을 떠나는 우리가 되기를 소망합니다. 우리의 하루하루가, 우리 마음을 채우고 있는 우리가 세운 우상을 버리고 하나님에게로 나아가는 복된 인생이 되길 빕니다. 그리하여 날이 갈수록 하나님이 당신의 약속을 우리 가운데 실현해 가시는 것을 몸소 체험하는 복된 삶을 누리길 바랍니다.

기도

하나님, 하나님께서 저희를 귀하게 여기시고 구원하셔서 하나님의 백성으로 삼아 주셨습니다. 그런데도 저희는 하나님의 백성답게 행동하지 못하고 늘 불안해하고 초조해하며 우리 인생에 빛이 들어올 곳이 없는가 찾느라 노심초사합니다. 이런 저희를 불쌍히 여기시고 주의 말씀 위에 든든히 서게 하옵소서. 우리가 어느 곳에 있든지 주의 약속을 붙들고 여기가 하나님의 선한 뜻이 이루어지는 자리임을 기억하며 용기를 내어 살아가는 주의 백성이 되도록 저희를 붙들어 주시옵소서. 예수님의 이름으로 기도합니다. 아멘.

04

하나님의 진단과 수술

서정걸

12 여호와의 말씀이 또 내게 임하여 이르시되 13 인자야 가령 어떤 나라가 불법을 행하여 내게 범죄하므로 내가 손을 그 위에 펴서 그 의지하는 양식을 끊어 기근을 내려 사람과 짐승을 그 나라에서 끊는다 하자 14 비록 노아, 다니엘, 욥, 이 세 사람이 거기에 있을지라도 그들은 자기의 공의로 자기의 생명만 건지리라 나 주 여호와의 말이니라 15 가령 내가 사나운 짐승을 그 땅에 다니게 하여 그 땅을 황폐하게 하여 사람이 그 짐승 때문에 능히 다니지 못하게 한다 하자 16 비록 이 세 사람이 거기에 있을지라도 나의 삶을 두고 맹세하노니 그들도 자녀는 건지지 못하고 자기만 건지겠고 그 땅은 황폐하리라 주 여호와의 말씀이니라 17 가령 내가 칼이 그 땅에 임하게 하고 명령하기를 칼아 그 땅에 돌아다니라 하고 내가 사람과 짐승을 거기에서 끊는다 하자 18 비록 이 세 사람이 거기에 있을지라도 나의 삶을 두고 맹세하노니 그들도 자녀는 건지지 못하고 자기만 건지리라 나 주 여호와의 말이니라 19 가령 내가 그 땅에 전염병을 내려 죽임으로 내 분노를 그 위에 쏟아 사람과 짐승을 거기에서 끊는다 하자 20 비록 노아, 다니엘, 욥이 거기에 있을지라도 나의 삶을 두고 맹세하노니 그들도 자녀는 건지지 못하고 자기의 공의로 자기의 생명만 건지리라 주 여호와의 말씀이니라 21 주 여호와께서 이같이 이르시되 내가 나의 네 가지 중한 벌 곧 칼과 기근과 사나운 짐승과 전염병을 예루살렘에 함께 내려 사람과 짐승을 그 중에서 끊으리니 그 해가 더욱 심하지 아니하겠느냐 22 그러나 그 가운데에 피하는 자가 남아 있어 끌려 나오리니 곧 자녀들이라 그들이 너희에게로 나아오리니 너희가 그 행동과 소행을 보면 내가 예루살렘에 내린 재앙 곧 그 내린 모든 일에 대하여 너희가 위로를 받을 것이라 23 너희가 그 행동과 소행을 볼 때에 그들에 의해 위로를 받고 내가 예루살렘에서 행한 모든 일이 이유 없이 한 것이 아닌 줄을 알리라 주 여호와의 말씀이니라 (겔 14:12-23)

충격적인 진단 결과

에스겔서 전반부를 지배하는 주제는 예루살렘에 대한 심판의 확정입니다. 예루살렘은 무너지고, 그 안에 거하는 자들은 죽거나 쫓겨나 흩어지게 되리라고 에스겔이 계속 메시지를 전합니다. 예루살렘은 유다에 남아 있는 이들에게나 포로로 사로잡혀 와 바벨론에 거하는 이들 모두에게 유일한 희망으로 남아 있는 마지막 보루입니다. 여기가 무너지면 이스라엘이라는 나라의 운명도, 하나님과의 언약도 끝난다고 생각했습니다. 그러나 예루살렘과 여호와 하나님의 성전이 건재하는 한, 잠시 굴욕적으로 이방 나라의 간접 통치를 받는다 하더라도 결국에는 위기를 벗어나서 나라를 회복하리라는 기대가 있었습니다. 그렇게 되면 포로 생활은 끝날 것이고 위기를 벗어난 이스라엘은 다시 다윗이 통치했던 시대와 같은 영광을 되찾을 수 있으리라고 막연히 소망했습니다.

예루살렘과 바벨론 포로 거주지의 유대인 사회에는 하나님의 말씀을 전한다고 자처하는 선지자들이 적지 않았습니다. 그들 중에 하나님의 말씀을 신실하게 전하는 참 선지자들은 소수였고, 대중의 기대에 편승하여 하나님의 뜻이 아닌 거짓된 소망을 부풀리는 거짓 선지자들이 더 많았습니다. 게다가 그들의 영향력이 오히려 더 컸다는 사실을 성경의 여러 책들을 통해 충분히 짐작할 수 있습니다. 그들은 예루살렘을 멸망시키기로 작정하신 하나님의 뜻을 알지 못하고 '이 성에 평안이 있다. 이 성은 하나님의 집이며 성전은 그분의 처소다'와 같은 말들로 백성들을 안심하게 했고 인기를 얻었습니다.

그러나 하나님이 친히 선지자로 세우신 에스겔은 줄곧 예루살렘의 멸망과 백성들이 포로 될 것을 예언해 왔습니다. 그는 예루살렘의 위기가 주변 강대국들과의 지정학적 역학 관계로 인한 일시적 위기가 아니라 유대인들이 의지하고 있던 하나님 때문이라고 외쳐서 충격을 더합니다. 이스라엘 백성들은 하나님에 대해 언제나 그들의 편이시고, 그들의 안위를 책임져 주시고, 그들을 위험으로부터 지키시고 보호하시고 인도하시는 분으로 생각했지, 그 외에 다른 식으로는 생각하지 못했습니다. 말하자면 하나님을 민족의 수호신으로 생각한 셈입니다. 그러나 에스겔은 충격적으로, 하나님이 그들의 편이 아니라 오히려 그들을 대적하시고 예루살렘을 향하여 분노를 쏟아 내시리라는 메시지를 전합니다.

에스겔은 하나님이 이스라엘을 대적하시고 침노하시는 이유를, 언약 백성이 하나님을 버리고 우상을 따랐기 때문이라고 전합니다. 그들은 언약을 지키며 하나님을 신뢰하는 삶의 길을 따르지 않고 스스로의 안위를 위하여 다른 여러 신들을 섬겼으며 그 백성과 친히 언약을 맺으신 하나님을 다른 우상들과 같은 수준으로 전락시켜 수단이나 도구 정도로 취급해 버렸습니다. 이미 썩을 대로 썩어 멸망을 피할 수 없게 되었습니다. 썩은 살을 도려내는 외과 수술이 필요하다는 진단이 내려졌고 수술 스케줄도 잡혔습니다. 수술해야만 하는 심각한 내부의 모습은 마치 MRI로 몸속을 들여다보는 것처럼 8장에 나오는 예루살렘 성전에 대한 환상으로 제시되었습니다. 하나님만을 예배해야 하는 하나님의 집, 거룩한 성전에서 가증한 우상 숭배들을 다양한 방식으로 행하고, 저마다 부적을 차고 다니며, 자신의 안위를 확보하기 위하여 점치는 자들을 찾아다니는 등 다양한 방식으로 하나님의 심판을 자취하고 있음이 밝혀집니다.

원래 하나님과 이스라엘이 언약으로 맺은 관계는 오직 하나님만을 섬기겠다는 서약으로 맺어진 매우 배타적인 관계입니다. 배타적인 관계라고 하니 기독교 신앙, 여호와 하나님을 섬기는 신앙이 편협한 것처럼 느껴지기도 합니다. 그러나 여호와 하나님과의 언약 관계란 근본적 이유로 배타적일 수밖에 없습니다.

하나님만이 유일한 하나님이시기에 다른 신이 용납될 수 없기 때문입니다. 설령 다른 신들을 인정한다 하더라도 한 신과 언약을 맺었다는 것은, 다른 신은 우리의 신이 아니라는 선언을 내포할 수밖에 없습니다. 그래서 배타적입니다. 이렇듯 배타적으로 하나님만을 향한 신앙과 순종을 요구하는 내용이 십계명에서 잘 드러납니다.

첫 번째 계명은 '너는 나 외에 다른 신들을 네게 두지 마라'이고 두 번째 계명은 '너를 위하여 형상을 새겨 만들지 마라'입니다. 이 계명들은 하나님 외에 다른 신들을 섬기지 말 것과 하나님을 자기 이해의 틀 안에 가두어 놓음으로써 하나님과의 관계에서 주도권을 가지려 하지 말 것을 규정하고 있습니다. 배타적인 헌신, 주도권을 내어 드리는 자세를 요구합니다. 이것이 하나님과의 관계에서 우리에게 가장 기본적으로 요구되는 자세입니다.

결혼식에서 가장 중요한 순서는 혼인 서약입니다. 서로를 향하여 맹세하고 증인들 앞에서 서약한 사실을 근거로 주례자가 두 사람의 혼인을 선포합니다. 그리고 이제 두 사람은 서로가 서로에게 속하는 한 몸으로, 언약 관계에 들어갑니다. 이 서약의 핵심은 '어떤 상황에서도 변함없이 영원토록 사랑하겠다'라는 것입니다. 옆에 선 배우자만을 사랑한다는 서약이고 다른 사람과는 그런 관계를 맺지 않겠다는 배타적인 맹세가 내포되어 있습니다.

하나님과 이스라엘 백성들이 맺은 언약에서도 이와 같은 헌신이 요구됩니다. 물론 '나 외에도 다른 신들이 많이 있지만 나만 섬겨라'라는 것이 아님을 우리는 알고 있습니다. 하나님 한 분 외에 다른 신은 없습니다. 하나님만이 온 세계의 유일한 참 하나님이시고, 천지를 창조하신 전능하신 분입니다. 그러니 하나님 한 분만으로 충분합니다. 그런데 이스라엘 백성들은 고립된 지역에 동떨어져 사는 사람들이 아니었습니다. 이스라엘 주변에는 문화적으로 엄청난 영향력을 발휘하는 고대의 두 문명이 자리하고 있습니다. 메소포타미아 문명과 이집트 문명입니다. 이스라엘과 주변의 이방 민족들 모두 이 두 문명으로부터 직접적인 영향을 받습니다. 두 문명 모두 다신교 세계관을 기초로 여러 전공을 가진 다양한 신들을 섬깁니다. 이스라엘 주위에는 농경의 신, 목축의 신, 기후의 신, 바다의 신, 땅의 신 등 셀 수 없이 많은 신이 있지만, 하나님은 이스라엘에게 오직 한 분이신 하나님만을 섬기라고 요구하십니다. 그러나 이스라엘은 하나님만을 섬기는 일에 실패합니다. 그래서 하나님이 진노하십니다. 본문 말씀처럼 하나님이 범죄한 나라들에 대하여, 하나님의 뜻을 따르지 않고 불법을 행하는 나라들에 대하여 심판을 내리듯, 하나님이 이스라엘 백성들의 죄를 반드시 심판하겠다고 선언하시는 내용이 에스겔서 전반부의 중심 주제입니다.

수술이 필요한 이유

한편으로는 이스라엘을 향한 하나님의 진노와 심판이, 다만 이스라엘이 하나님만을 섬기는 일에 실패했기 때문이라면 애초에 하나님은 너무 까다롭고 질투심이 많은 신이 아닌가 하는 생각이 들기도 합니다. 물론 이스라엘의 심판과 멸망이 언약 백성으로부터 배신당하신 하나님이 분노하신 결과라는 것은 분명한 사실입니다. 그러나 이를 단순히 배신감이나 질투심으로 이해한다면 애초에 하나님을 만나고 하나님과 언약을 맺은 것이 잘못이었다는 결론으로 이어집니다. 마치 성에 대해 개방적인 견해를 가지고 살아온 사람이 매우 보수적인 사람을 만나서 파국으로 끝나 버리는 것처럼 생각할 수도 있다는 이야기입니다. 그렇다면 차라리 하나님을 모르거나 하나님과 아무런 관계를 맺지 않고 살아가는 편이 나을 것입니다. 이스라엘의 위기가 하나님의 배신감 때문이고, 하나님이 단지 배신감 때문에 무시무시한 진노를 퍼부으신다면 하나님은 위험한 연인이라고도 말할 수 있을 것입니다. 본문 말씀은 이런 측면에서 하나님의 진노가 배신감에서 나오는 것이 아님을 보여 주는 말씀이라고 할 수 있습니다.

배타적이고 보수적인 하나님과 엮인 탓에 굳이 겪지 않아도 될 진노와 심판을 당하는 것이 아닙니다. 본문에 의하면 하나님은 언약 관계에 속한 이스라엘만의 하나님이 아니시기 때문입니다. 하나님은 이스라엘만을 다스리시는 것이 아니라 온 민족과 나라들을 다스리십니다. 본문은 언약의 당사자인 이스라엘이 아니더라도 '불법을 행하면' 그것은 하나님 앞에 범죄이고, 그로 말미암아 하나님의 진노와 심판에 직면하게 될 것이라고 분명히 이야기합니다.

본문뿐만이 아닙니다. 에스겔 25장부터 32장까지에는 긴 분량으로 이스라엘 백성이 아닌 열국에 대한 심판의 메시지가 기록되어 있습니다. 선지서에서 '이방 신탁'이라고 분류되는 단락인데 이스라엘의 주변 나라들인 암몬, 모압, 에돔, 블레셋, 두로, 시돈, 애굽을 향하여 예언하는 말씀이 들어 있습니다. 그들은 하나님과 언약을 맺지도 않았고 율법을 받지도 않았습니다. 하나님이 단지 이스라엘 백성만의 민족신이라면 다른 나라를 향하여 죄를 지적하고 심판을 시행할 권한이 없어야 맞습니다. 그러나 하나님은 이스라엘 민족만의 수호신이 아니라 모든 나라의 하나님이시고 천하 만민의 주인이시기에 그들이 하나님을 믿든지 믿지 않든지 주권을 행사하시고, 심판을 시행하십니다. 이 세상 안에서 어느 누구도 하나님의 다스림을 거부할 수 없습니다. 하나님에게 범죄하고도 평안한 삶을 누릴 수는 없습니다. 이것은 하나님이 이 세상을 창조하신 방식에 관한 것이기 때문입니다.

하나님은 이 세상을 물리적으로 구축하셨습니다. 공간과 시간, 자연법칙들을 만드셨고 이 세상 안에 있는 모든 것들은 자의적으로 이 법칙을 거스를 수 없습니다. 가령 사람이 물에 들어가 호흡을 하겠노라고 다짐해도 소용이 없고, 다리 한쪽이 빠지기 전에 다른 쪽 다리를 내딛어 한강을 뛰어서 건너가겠다고 마음먹는 것이 우스운 발상이듯 말입니다. 하나님이 세우신 법칙을 거스르면 그에 합당한 대가를 치르게 됩니다. 이 법칙은 다만 물리 영역에만 존재하는 것이 아닙니다. 물리적 법칙에 영향을 받듯이 사람은 영적 존재이기도 하기에 하나님이 창조하실 때에 세우신 영적 법칙에도 영향을 받습니다. 하나님과의 관계가 단절되면 하나님만이 주시는 참된 생명을 누릴 수 없는 것은 인간이 물속에서 호흡할 수 없는 것과 같이 당연한 이치입니다.

이스라엘 백성이 그랬고 주위의 이방 민족들이 그랬듯이 하나님과 올바른 관계를 맺지 않고서 스스로의 안위를 지키기 위해 수단과 방법을 가리지 않고, 경쟁하고 싸워 피 흘리는 식의 삶의 방식을 따른다면, 스스로 심판과 파멸을 부르는 것입니다. 심판과 파멸은 하나님을 떠난 결과로 맞이하게 되는 일입니다. 이것은 이스라엘 백성들이 하나님을 배신했기 때문에 이스라엘 백성들에게만 국한되어 적용되는 특별법 같은 것이 아니라 마치 자연법칙이 그러하듯이 하나님의 공의가 이 세상에 작동하는 방식입니다.

그런데 실제로 우리가 사는 세상을 살펴보면 하나님의 뜻을 따라 살지 않으면서도 잘 살고 나름 행복한 삶을 누리는 사람들을 어렵지 않게 찾아볼 수 있습니다. 시편 73편에서는 그런 사람들에 대하여 믿는 사람들이 가지고 있는 의구심과 질문을 하나님에게 던지는 시인을 만나 볼 수 있습니다. 시편 73편을 보겠습니다.

1 하나님이 참으로 이스라엘 중 마음이 정결한 자에게 선을 행하시나 2 나는 거의 넘어질 뻔하였고 나의 걸음이 미끄러질 뻔하였으니 3 이는 내가 악인의 형통함을 보고 오만한 자를 질투하였음이로다 4 그들은 죽을 때에도 고통이 없고 그 힘이 강건하며 5 사람들이 당하는 고난이 그들에게는 없고 사람들이 당하는 재앙도 그들에게는 없나니 6 그러므로 교만이 그들의 목걸이요 강포가 그들의 옷이며 7 살찜으로 그들의 눈이 솟아나며 그들의 소득은 마음의 소원보다 많으며 8 그들은 능욕하며 악하게 말하며 높은 데서 거만하게 말하며 9 그들의 입은 하늘에 두고 그들의 혀는 땅에 두루 다니도다 10 그러므로 그의 백성이 이리로 돌아와서

잔에 가득한 물을 다 마시며 11 말하기를 하나님이 어찌 알랴 지존자에게 지식이 있으랴 하는도다 12 볼지어다 이들은 악인들이라도 항상 평안하고 재물은 더욱 불어나도다 13 내가 내 마음을 깨끗하게 하며 내 손을 씻어 무죄하다 한 것이 실로 헛되도다 (시 73 : 1-13)

악한데도 잘 사는 사람을 보고 시편 저자가 시험에 빠집니다. 이 꼴을 보자고 내가 깨끗하게, 무죄하게 살려고 애를 썼나 싶어 허탈감마저 느끼고 있습니다. 형통한 악인은 오만하고 부유하고 고통 없이 오래 살고 건강하기까지 합니다. 우리도 이런 사람들을 얼마든지 봅니다. 이들을 보면 시험에 듭니다. 나는 열심히 하나님의 뜻을 생각하면서 순종하며 살려고 애썼는데도 앞날이 캄캄하고 막막해서 한 걸음 한 걸음 살얼음판 걷듯이 살아가는데, 기도를 하면 마음이 무너지며 눈물이 나고 하나님에게 도와달라고 신음하듯 하는데, 악인들은 기도도 하지 않고 하나님에 대하여 마음대로 지껄이며 거만하게 사는데도 걱정과 고민이 없어 보이고 형통한 것처럼 보이니 시험에 들지 않을 수 없습니다. 그래서 16절을 보면, "내가 어쩌면 이를 알까 하여 생각한즉 그것이 내게 심한 고통이 되었더니"라고 고백합니다. 그런데 반전이 일어납니다. 17절 이하를 더 보겠습니다.

17 하나님의 성소에 들어갈 때에야 그들의 종말을 내가 깨달았나이다 18 주께서 참으로 그들을 미끄러운 곳에 두시며 파멸에 던지시니 19 그들이 어찌하여 그리 갑자기 황폐되었는가 놀랄 정도로 그들은 전멸하였나이다 (시 73 : 17-19)

형통한 악인들의 종말을 깨달았다고 합니다. 그들이 이 세상에서 잘 살고 형통하여 시인이 시험에 들었지만, 그들이 계속해서 잘 살고 형통하는 것은 파멸에 이르는 지름길이고 미끄러운 곳에 선 것과 마찬가지임을 알게 되었습니다. 이 세상 그 누구도 하나님과의 관계를 벗어나 존재할 수 없음을 깨달았기 때문입니다. 시인은 이 사실을 '하나님의 성소에 들어갈 때에야' 깨닫게 됩니다. '하나님! 하나님은 온 세상의 하나님이시며 모든 사람의 주님이셔서 그 누구도 하나님과의 관계를 거부할 수 없군요. 그러니 범죄하면서도 형통하고 잘 살고 건강하고 행복을 느끼며 사는 것은 그들에게 복이 아니라 무서운 징벌이라는 것을 깨달았습니다'라고 고백합니다.

하나님은 개인뿐 아니라 모든 나라에 대해서도 심판권을 가지고 계십니다. 그래서 다른 나라들도 불법을 행하고 죄를 범하면 하나님이 심판을 내리신다고 본문에서 이야기하고 있습니다. 기근을 내리기도 하시고, 사나운 짐승을 보내기도 하시고, 칼을 보내어 전쟁을 일으키기도 하시고, 전염병을 일으키기도 하십니다. 이 모든 일이 하나님의 공의로운 심판입니다.

본문 21절에서는 이 모든 재앙들이 예루살렘에 한꺼번에 임하게 될 것이라고 말씀하십니다. 예루살렘과 유다 백성을 향한 하나님의 진노가 매우 크다는 사실을 알 수 있습니다. 하나님이 이렇게까지 진노하셨고, 1년이 넘도록 여러 차례 에스겔 선지자를 통하여 예루살렘의 멸망을 선포하셨음에도 불구하고 포로들은 희망을 버리지 못했습니다.

외과 수술

본문에서 하나님은 이스라엘의 역사 밖에 있는 대표적 의인 세 명, 노아, 다니엘, 욥을 소환해서 이 심판의 엄중한 성격을 분명히 드러내십니다. 노아는 아브라함으로부터 시작된 이스라엘의 역사 이전에 있던 인물입니다. 욥은 족장 시대 인물로 추측되지만, 이스라엘 족보 밖에 있는 인물이 확실합니다. 다니엘과 관련해서는 논란의 여지가 있는데, 우리가 알고 있는 다니엘서의 저자 다니엘은 본문 말씀에서 에스겔이 언급한 당시에는 아직 소년으로, 바벨론 궁에서 훈련을 받고 있었을 것이고 포로 사회에서 명성이 높아지기 전입니다. 그리고 에스겔 28장 3절에도 '다니엘'이 나오는데, 두로의 왕에 대한 심판을 이야기하다가 다니엘을 언급하는 것이 뜬금없어 보입니다. 따라서 본문 말씀에 나오는 다니엘은 우가릿 문헌에 등장하는 고대 수리아의 지혜롭고 정의로운 왕 다넬(Danel)로 여겨집니다. 이런 해석을 따라 이 셋은 이스라엘 역사 밖에 있지만 정의로운 사람들로써 널리 알려진 인물이라고 할 수 있습니다.

본문은 이스라엘을 향한 심판이 아니라 이방 나라에 내리는 심판을 예로 들고 있습니다. 이스라엘 사람들도 의인이라고 생각하는 최고의 의인이 한 명도 아니고 세 명이 있더라도 그 셋으로 인해 심판이 미뤄지거나 그들 덕분에 다른 이들이 구원받으리라는 기대는 하지 말라는 말씀입니다. 노아, 다니엘, 욥, 이 셋이 함께 있다 해도 이 셋만 건짐을 받고, 그 자녀들조차 건짐을 받지 못할 것이라고 반복해서 강조합니다.

왜 자녀들에 대한 강조가 계속될까요. 포로로 사로잡혀 온 이들의 자녀들이 예루살렘에 상당수 남아 있었기 때문입니다. 고대 세계에서 포로를 사로잡아 갈 때 즐겨 쓰던 방법은 가족을 분리하는 것입니다. 부모를 볼모로 잡아가고 자식은 놔두는 방식으로 양쪽 모두에게 지배력을 행사하기 위함입니다. 유대인 포로들은 남아 있는 자녀들 걱정 때문에라도 예루살렘 멸망에 대한 계획이 취소되기를, 또는 그 멸망의 현장 속에서 자신의 자녀들은 소수의 의인으로 인하여 구원받을 수 있기를 기대했을 것입니다. 예루살렘 환상 여행기인 에스겔 9장에 하나님의 심판을 피할 의인들이 이마에 표를 받는 이야기가 기록되어 있는 것으로 보아 예루살렘에는 분명 소수의 의인이 있었으리라 생각됩니다.

창세기 18장에는 아브라함이 소돔과 고모라를 멸하러 가시는 하나님을 만나 조카 롯을 위하여 하나님과 협상을 벌이는 이야기가 나옵니다. 소수의 의인으로 인하여 하나님이 심판을 철회할 수 있다고 생각할 만한 근거는 분명히 있습니다. 그러나 본문은 그런 기대에 대하여 '비록 노아와 다니엘과 욥처럼 일당백의 의인들이 있다 히더리도 심판은 취소되지 않으며 그들도 자기 자신의 목숨만을 건지게 될 것'이라고 냉정하게 답합니다. '나의 삶을 두고 맹세하노니 그들도 자녀는 건지지 못하고 자기만 구원을 얻으리라'라는 선언이 네 번이나 반복됩니다.

21절 이하에는 나라가 불법과 범죄를 행할 때 하나님이 내리시는 네 가지 재앙, 곧 기근, 황폐함, 전쟁, 전염병 모두를 예루살렘에 다 쏟아붓겠다고 선언하시는 내용이 나옵니다. 그중 한 가지 심판만 임해도 파멸을 면치 못할 것입니다. 노아, 다니엘, 욥이 있는 성일지라도 말입니다. 그러니 네 가지 재앙이 모두 닥치면 당연히 극심한 재난이고 처절한 심판이 될 것입니다. 그만큼 예루살렘을 향한 하나님의 분노가 극심합니다. 하나님은 일말의 희망을 품고 있던 포로들에게 이 심판은 돌이킬 수도, 혹시나 살길이 있을까 요행을 기대할 수도 없는 철저한 심판이 되리라고 매우 강조해서 말씀하십니다.

그런데 22절에서는 재앙을 피해 살아남아 끌려오는 자가 있을 것이고 그들은 바로 포로의 자녀들이라 하십니다. 돌연 희망의 빛이 비치는가 싶었지만, 희망은 당혹감으로 바뀝니다. 왜냐하면 그들이 살게 된 이유는 그들이 의롭거나 은혜를 입어서가 아니라 하나님의 혹독한 심판이 타당한 것이었음을 인정할 수 있게 하기 위한 본보기라고 말씀하시기 때문입니다. 그래서 그들에 대해 건짐을 받는 것이 아니라 '끌려 나온다'라고 표현합니다. 포로로 사로잡혀 온다는 뜻입니다. 구원이 아니라 목숨만 건진 것입니다. 사로잡혀 온 자녀들의 행동과 소행을 보면 하나님이 재앙을 내리실 수밖에 없었구나 하고 인정하게 될 것이고 나아가 위로를 얻을 것이라고 하십니다.

하나님은 이스라엘을 심판할 만해서 심판하십니다. 구약 성경을 차근히 읽어 오면 에스겔의 시대에 하나님이 예루살렘을 심판하시는 것은 갑작스러운 분노의 폭발이 아니라, 그동안 참고 참으시며 계속해서 선지자들을 보내어 백성들을 돌이키도록 하신 하나님이 자기 백성들을 위하여 행하신 일임을 알게 됩니다.

그러나 우리의 마음 한구석에는 '하나님이라면 굳이 이토록 파괴적인 방식을 통하지 않고도 하나님의 뜻을 이루실 수 있지 않을까' 하는 생각이 있습니다. 그러나 하나님은 문제를 적당히 덮어 두는 식으로 타협하지 않으십니다. 그것은 진정한 해결이 아닙니다. 정말 좋은 의사는 병을 정확히 진단하고 적합한 치료를 시행합니다. 썩은 살은 아파도 도려내야 합니다.

하나님은 이스라엘의 환부를 도려내고자 하십니다. 이스라엘 편에서는 하나님이 자기들을 죽이려 하시는 것처럼 느껴지겠지만 실상은 살리기 위함입니다. 하나님이 심판하시는 이유가 본문 바로 앞 11절에 이렇게 나와 있습니다.

> 11 이는 이스라엘 족속이 다시는 미혹되어 나를 떠나지 아니하게 하며 다시는 모든 죄로 스스로 더럽히지 아니하게 하여 그들을 내 백성으로 삼고 나는 그들의 하나님이 되려 함이라 주 여호와의 말씀이니라 (겔 14:11)

심판을 피할 수는 없지만, 심판 자체가 목적은 아닙니다. 하나님이 이스라엘 백성을 부르신 목적을 성취하시기 위하여 타협하지 않으신 결과가 예루살렘의 멸망으로 드러납니다. 이 혹독한 심판의 메시지는 에스겔 시대의 이스라엘 포로들뿐만 아니라 이 말씀을 읽고 있는 우리도 당혹하게 합니다. 우리가 막연히 알고 있는 선하신 하나님, 사랑의 하나님이 아닌 것처럼 느껴지게 하기 때문입니다. 그래서 어떤 이들은 구약의 하나님은 가혹하신 분이라며 거부하고 신약의 하나님이 참사랑의 하나님이라고 말하기도 합니다. 전적으로 헛소리입니다. 하나님은 선하시고, 사랑 그 자체이신 하나님이십니다. 그런데 하나님은 그 선하심을, 사랑을 결단코 타협하지 않으십니다.

하나님은 백성을 거룩하게 완성하고자 하십니다. 그들이 하나님과 사랑을 나누며 이웃을 제 몸처럼 사랑하는 영광된 모습이 되도록 목적하셨습니다. 이 목적을 이루시는 데 절대로 타협하지 않으시기에 때로는 가혹하다 싶을 정도로 철저하게 죄를 다루십니다. 그게 아니라면 예수님이 왜 십자가를 지고 죽으셔야만 했겠습니까. 십자가는 얼마나 비인간적이고 비참하고 폭력적인 형벌입니까. 하나님이 그렇게까지 하신 이유는 단 한 치의 죄도 그 백성에게 남겨 두지 않으시기 위함이었습니다. 이 목적을 위하여 자기 아들을 십자가에 못 박으실 정도로 이 문제와 타협하지 않으시는 하나님이십니다.

본문이 전하는 메시지에는 역설적 의미가 있습니다. 인간의 의로움은 설사 그것이 누구나 인정할 만큼 위대한 의로움이라고 할지라도 그것으로는 자기 자녀들조차 지켜 낼 수 없는 수준임을 보여 줍니다. 노아와 다니엘과 욥, 이 세 사람은 이스라엘 사람들에게 존경받는 의인들이었지만 로마서 3장 말씀에 따르면 이 세상에 의로운 사람은 단 한 사람도 없다고 선언합니다.

9 그러면 어떠하냐 우리는 나으냐 결코 아니라 유대인이나 헬라인이나 다 죄 아래에 있다고 우리가 이미 선언하였느니라 10 기록된 바 의인은 없나니 하나도 없으며 11 깨닫는 자도 없고 하나님을 찾는 자도 없고 12 다 치우쳐 함께 무익하게

되고 선을 행하는 자는 없나니 하나도 없도다 (롬 3:9-12)

모든 인간은 죄인이기에 하나님의 진노와 심판에서 자유로울 수 없고, 두려움에 사로잡혀 살 수밖에 없습니다. 그러나 사람의 의로는 이를 수 없는 구원을 하나님이 그리스도의 십자가로, 하나님의 의로 성취하십니다. 우리는 그 사실을 알고 있는 사람들입니다. 예수님이 십자가에 달리는 처참한 죽음으로 우리의 죄를 담당하셔야 했던 것은 하나님이 죄를, 악을 적당히 타협하지 않으시기 때문이라는 깨달음으로 비로소 본문 말씀을 이해할 수 있게 됩니다.

그러니 우리도 우리의 죄를 미워하고 아파해야 합니다. 그리고 은혜를 구해야 합니다. 그리할 때, 하나님의 은혜가 귀함을 알게 되고 그 은혜의 풍성함을 누릴 수 있게 됩니다. 은혜는 결코 값싼 것일 수 없습니다. 우리의 죄가 무엇인지 아는 만큼 그 죄를 사하시는 하나님의 은혜의 크기를 알게 될 것이고, 또 그만큼 우리의 죄를 미워하고 아파하며 하나님을 더욱 사랑하고 의지하게 될 것입니다. 백성을 살리기 위하여, 그들이 스스로 생채기를 내고 썩어 들어가게 한 살을 기꺼이 도려내시는 하나님의 깊은 사랑을 발견하는 본문 말씀이기를 바랍니다.

기도

하나님 아버지, 본문 말씀을 통해서 우리가 가지고 있는 죄가, 또 하나님이 우리에게 가지고 계시는 공의가 얼마나 철저하고 무서운 것인지를 깨닫게 되었습니다. 그러나 하나님의 사랑이 그것을 이기고 그보다 더 크다는 것도 알았습니다. 하나님, 우리가 이 모든 것을 아는 사람답게 죄를 미워하고 선과 의를 택하며 하나님의 자녀가 된 은혜들을 증거하며 세상을 살아갈 수 있도록 복 내려 주시옵소서. 예수님의 이름으로 기도합니다. 아멘.

05

들포도나무 같은 존재

강선

1 여호와의 말씀이 내게 임하여 이르시되 2 인자야 포도나무가 모든 나무보다 나은 것이 무엇이랴 숲속의 여러 나무 가운데에 있는 그 포도나무 가지가 나은 것이 무엇이랴 3 그 나무를 가지고 무엇을 제조할 수 있겠느냐 그것으로 무슨 그릇을 걸 못을 만들 수 있겠느냐 4 불에 던질 땔감이 될 뿐이라 불이 그 두 끝을 사르고 그 가운데도 태웠으면 제조에 무슨 소용이 있겠느냐 5 그것이 온전할 때에도 아무 제조에 합당하지 아니하였거든 하물며 불에 살라지고 탄 후에 어찌 제조에 합당하겠느냐 6 그러므로 주 여호와께서 이같이 말씀하셨느니라 내가 수풀 가운데에 있는 포도나무를 불에 던질 땔감이 되게 한 것 같이 내가 예루살렘 주민도 그같이 할지라 7 내가 그들을 대적한즉 그들이 그 불에서 나와도 불이 그들을 사르리니 내가 그들을 대적할 때에 내가 여호와인 줄 너희가 알리라 8 내가 그 땅을 황폐하게 하리니 이는 그들이 범법함이니라 나 주 여호와의 말이니라 하시니라 (겔 15:1-8)

이스라엘이라는 존재

예루살렘은 심판을 받을 것이라는 예언이 계속되는 중입니다. 왜 예루살렘은 심판을 받아야 할까요. 우상 숭배가 그 이유입니다.

우상 숭배란 어떤 것입니까. 우상을 숭배하는 사람에게 하나님은 더는 하나님이 아니십니다. 그 자신이 하나님의 자리를 차지합니다. 자기가 하나님이라도 되는 듯 판단하고 결정합니다. 삶을 지탱하는 근거가 무엇인지, 또 삶에서 가치 있는 것이 무엇인지 스스로 결정합니다.

이스라엘 사람들은 여기 바벨론에 포로로 잡혀 와 있는 중에도 그렇게 행동합니다. 선지자에게 와서, 자기들에게 필요한 것을 요구하고, 그 요구가 중요한 것이라는 점도 하나님에게 인정받기를 바랍니다. 이들의 관심은 온통 포로 생활이 끝나는 데 쏠려 있습니다. 현재 상황에서 벗어나는 것만이 관심사입니다.

하지만 이 상황 자체에 대한 관심은 없습니다. 자신들이 겪는 이 일이 어떻게 시작되어 어디로 흘러가는지, 그 큰 흐름에는 주목하지 않습니다. 온 세상의 주권자이신 하나님이 여기서 무엇을 하고 계시는지 무신경한 것입니다. 다만 자신들의 상태가 불편할 뿐이어서, 그 불편함이 없어지는 데에만 관심이 있습니다.

본문 말씀은 이런 모습을 보이는 이스라엘 족속에 대해 이야기합니다. 지금 하나님 앞에 심판의 예언을 듣고 있는 이스라엘이 어떤 존재인지에 대해 하나님이 말씀하십니다. 또 이들에게 벌어지는 일이 무엇이며, 이들이 지금 하고 있는 일이 무엇인지도 비유를 들어 설명하십니다. 이스라엘은 에스겔 15장에서는 포도나무로, 16장에서는 창녀가 되어 버린 아내로, 17장에서는 다시 포도나무로 비유됩니다. 먼저 15장을 통해 이스라엘은 어떤 존재인지 살펴보겠습니다.

> **2** 인자야 포도나무가 모든 나무보다 나은 것이 무엇이랴 숲속의 여러 나무 가운데에 있는 그 포도나무 가지가 나은 것이 무엇이랴 (겔 15:2)

예루살렘, 곧 이스라엘 백성들이 '포도나무'에 비유됩니다. 포도나무가 숲속 다른 나무보다 값진 것이 무엇이냐고 하나님이 물으십니다. 과수원에 있지 않고, '숲속의 여러 나무 가운데' 있는 것을 보니, 이 포도는 들포도인 모양입니다. 포도를 얻으려고 특별히 재배한 것이 아닙니다.

여기서 하나님은 왜 이런 질문을 하실까요. 이 질문에서 드러나는 것은 포도나무의 독특성이 아닙니다. 묻고 보니, 이 나무는 숲속 어떤 나무와 비교해 보아도 무엇 하나 나은 것이 없다는 점이 드러납니다.

우리는 흔히 서로를 격려하며 말합니다. '무엇이든 간에 사람은 각자 잘하는 게 한 가지는 있지.' 그런데 이 포도나무는 아무리 찾아도 잘하는 게 한 가지도 없다는 것입니다.

이 점이 계속 강조됩니다. "그 나무를 가지고 무엇을 제조할 수 있겠느냐 그것으로 무슨 그릇을 걸 못을 만들 수 있겠느냐"(겔 15:3). 나무로는 그릇을 만들 수 있을 텐데, 이 나무로는 그릇도 못 만듭니다. 그릇은 둘째 치고, 그릇을 걸어 둘 못도 만들 수 없습니다.

굳이 용도를 찾자면, 땔감에나 쓸 수 있습니다. "불에 던질 땔감이 될 뿐이라 불이 그 두 끝을 사르고 그 가운데도 태웠으면 제조에 무슨 소용이 있겠느냐"(겔 15:4). 하지만 땔감으로도 제격이 아닙니다. 이미 불에 그을러 있기 때문입니다. 나무 상태로는 쓸 데가 없어서 태워 없애는 식으로라야 비로소 쓸모가 생기는데, 지금 이 나무는 그을러서 땔감으로 쓰기조차 어렵습니다.

원래부터 별 가치가 없었는데, 불까지 붙어 타고 그을린 상태이니, 가치나 쓸모를 따지는 게 우습습니다. 이것이 이스라엘이라는 존재의 실상입니다.

한편 지금 예루살렘 거민들, 그리고 포로로 잡혀 온 이스라엘 사람들의 생각은 어떻습니까. 그들은 희망을 붙들고 있습니다. 지금은 곤경에 처해 있지만, 다시 번영할 날, 고국으로 돌아갈 날을 바라보고 있습니다. 언젠가는 번듯하게 살 수 있을 거라는 기대가 여전합니다. 그래서 여러 모색을 하는 중입니다.

역경 속에서도 삶의 끈을 놓지 않고 사는 모습이 대견해 보이기는 한데 여기에는 큰 실책이 있으니, 그것은 이들의 기대가 자신들에 대한 오해에 근거한다는 점입니다. '우리는 하나님의 백성이고 하나님의 성전도 갖고 있으니, 여전히 우리에게는 희망이 있다.' 이것이 이스라엘 족속이 공유하던 생각이자 그들의 상식이었습니다. 신자인 우리도 그렇게 생각하며, 특히 어려울 때면 이런 소망으로 힘을 내기도 하니까 이들의 마음이 이해가 됩니다.

그러나 본문은 이스라엘에게 이보다 더 깊은, 근본적인 자기이해를 촉구합니다. 실상 이들은 삶에 대해 하나님과는 전혀 다른 안목을 지니고 있습니다. 이스라엘은 자신이 누구인지 제대로 알지 못한 채, 어떻게든 장밋빛 앞날을 그려 보는 것입니다.

버려진 아기

3 이르기를 주 여호와께서 예루살렘에 관하여 이같이 말씀하시되 네 근본과 난 땅은 가나안이요 네 아버지는 아모리 사람이요 네 어머니는 헷 사람이라 4 네가 난 것을 말하건대 네가 날 때에 네 배꼽 줄을 자르지 아니하였고 너를 물로 씻어

정결하게 하지 아니하였고 네게 소금을 뿌리지 아니하였고 너를 강보로 싸지도 아니하였나니 5 아무도 너를 돌보아 이 중에 한 가지라도 네게 행하여 너를 불쌍히 여긴 자가 없었으므로 네가 나던 날에 네 몸이 천하게 여겨져 네가 들에 버려졌느니라 6 내가 네 곁으로 지나갈 때에 네가 피투성이가 되어 발짓하는 것을 보고 네게 이르기를 너는 피투성이라도 살아 있으라 다시 이르기를 너는 피투성이라도 살아 있으라 하고 7 내가 너를 들의 풀 같이 많게 하였더니 네가 크게 자라고 심히 아름다우며 유방이 뚜렷하고 네 머리털이 자랐으나 네가 여전히 벌거벗은 알몸이더라 (겔 16:3-7)

여기서는 또 다른 비유를 들어 이스라엘 족속이 누구인지 그려냅니다. 이들은 여느 아기라면 당연히 부모에게 받을 거라고 기대할 수 있는 기본적인 돌봄조차 받지 못한 존재로 묘사됩니다. 태어나는 것을 전혀 환영받지 못해 결국 버려지는 아이입니다.

이렇게 버려진 아이 곁을 하나님이 지나시다가, 그 모습을 보고 이런 마음을 품으셨다는 것입니다. '아기야, 제발 견뎌다오. 절대 죽지 말고, 꼭 살아다오.' 하나님이 측은한 눈으로 버려진 아이를 바라보고, 직접 데려다가 정성껏 키우십니다.

이들은 원래 아무것도 아닌 존재였습니다. 본래 출발이 이랬습니다. 앞서 보았듯, 어쩌다 숲속에서 보게 되는 들포도나무요, 출생을 기뻐하는 이 없이 태어나 버려진 아기였습니다. 이런 존재가 인생에서 무엇을 바랄 수 있을까요.

여기서 짤막한 시 하나를 봅시다. 스티븐 크레인(Stephen Crane)이라는 미국 작가가 쓴 〈한 남자가 우주에게 말했다〉(A Man said to the Universe)라는 작품입니다(제임스 사이어, 《기독교 세계관과 현대사상》, IVP, 17쪽에서 재인용).

한 남자가 우주에게 말했다.
"선생님, 저는 존재합니다."
"그러나", 하며 우주는 대답한다.
"그 사실은 나에게 아무런 의무감도 일으키지 않네."

어떤 사람이 우주를 향해 소리칩니다. '여기 좀 보세요. 저 여기 있어요.' 저 하늘 높은 곳을 보고 말을 걸고 있습니다. 누구든 자기 말을 들을 수 있는 존재가 있기만 하다면 자기에게 눈 좀 맞춰 달라고, 어디에 있을지도 모를 누구에게 소리칩니다.

우주가 답합니다. '그래서, 나보고 뭘 어쩌라고.' 네가 거기 있다는 것이 나랑 무슨 상관이냐는 말입니다. 본문에 나온 들포도나무 같은 존재에게 어울리는 대화입니다.

우리는 우리에게 생긴 일을 이야기하고 싶어 합니다. 특히 힘들고 고통스러운 일이 생길 때면, 누구에게든 털어놓고 싶습니다. 그 사람이 이 이야기를 귀담아들어 주면 얼마나 좋을까요. 이 바람이 어찌나 큰지, 아무도 나를 보아 주지 않고, 내 말을 들어 주지 않을 때면 속이 상하고 화가 납니다.

우리가 다 아는 심경이지만, 여기서 다시 한번 물어봅시다. 왜 누구는 내 이야기를 들어야 합니까. 대체 사람들이 내게 관심을 기울여야 하는 이유가 무엇입니까.

우리는 늘 누구에게든 말을 걸고 싶습니다. '저 여기 있습니다. 여기 좀 보세요.' 동시에 우리는 이 바람에 대한 답도 압니다. 아무도 그 사실에 관심이 없다는 것입니다. 인정머리 없는 이야기 같지만, 이것이 사실이라는 것을 우리는 잘 알고 있습니다. 우리도 여기 누가 있는지 큰 관심이 없기 때문입니다.

많이들 겪어 보았을 상황이 있습니다. 큰 방에 나 혼자 앉아 있는데, 누가 문을 열고 들여다보더니 말합니다. '아무도 없네.' 그러고는 문을 닫고 가 버립니다. 아니, 내가 여기 이렇게 앉아 있는데, 무슨 말일까요. 그러나 그 사람은 내게 아무런 관심이 없습니다.

이것은 문제일까요. 우리는 서로에 대한 관심을 놓지 말아야 할까요. 서로에게 관심을 가져야 한다는 말을 어디에서나 많이 듣고, 교회에서는 특히 더 많이 듣지만, 이것은 누구나 당연하게 하는 일이 아닙니다. 우리는 다른 존재에 관심을 갖기가 쉽지 않습니다.

다시 물어봅시다. 누구든 내 이야기를 들어야 하고, 내게 관심이 있어야 할까요. 그렇다고 답한다면, 무엇을 근거로 그렇게 답할 수 있을까요. 무엇 때문에 나는 사람들의 주목을 요구할 수 있습니까.

이렇게 답할 수 있겠습니다. '내가 얼마나 중요한 존재인지 아느냐. 내가 누구인지 안다면, 그렇게 나를 본체만체할 수 없을 것이다. 나를 무시하면 그 대가가 얼마나 큰지 곧 알게 될 것이다.'

그러나 정말 그러할까요. 우리가 그렇게 가치 있는 존재입니까. 우리는 마음속으로 우리 자신이 그렇게 가치 있는 존재가 아니라는 것을 이미 알고 있습니다. 이런 방식으로 압니다.

때로 어떤 사람을 볼 때면, 마음이 가득해집니다. 마냥 행복하고, 더는 아무것도 없어도 되겠다고 느끼기까지 합니다. 그런데 이 충만한 기분이 얼마나 지속될까요. 눈에 무엇이 쒼 듯 연인에게 빠져도 길어야 6개월이라고들 합니다. 대상이 사람이니 그 정도라도 됩니다.

사람 말고도 우리 마음을 채우는 것들이 많이 있습니다. 백화점 명품관에서 파는 값비싼 물건이라든지, 아무나 갈 수 없는 특별한 장소라든지, 혹은 화려한 호텔에서 받는 귀빈 대접이라든지, 우리 마음에 큰 즐거움을 주는 것들이 있습니다.

또 모두가 부러워할 만한 목표를 이룰 때도 있습니다. 좋은 학교에 진학하거나, 최고의 직장에 취업하거나, 선망의 대상과 결혼할 수도 있습니다. 그럴 때면 사람들의 부러움도 사고 뿌듯한 행복감을 느낍니다.

그런 경험을 해 본 적이 있다면, 기억을 떠올려 봅시다. 마음을 가득 채웠던 충만함은 얼마나 오래 갔습니까. 우리 마음은 금방 비워집니다. 우리 마음은 무엇으로 채워도 며칠을 채 넘기지 못하고 원래 상태로 돌아갑니다.

이 사실은 피조 세계 전체에 해당합니다. 세계 전체를 뒤져도 우리 마음을 오래도록 만족시킬 대상을 찾을 수가 없습니다. 이것이 피조 세계의 무능력이며, 인간의 무능력이고, 나라는 존재의 실상입니다.

우리는 상대에게 대단한 것을 제공하고 채우기는커녕, 상대의 마음조차 채울 능력이 없는 존재입니다. 본문은 이런 존재를 '들 포도나무'라고 부르는 것입니다.

이런 존재인 우리에게 우주는 답할 책임이 전혀 없습니다. 물론 하나님도 이런 우리의 목소리에 귀 기울여야 할 책임이 없으십니다. 아니, 누구도 우리의 목소리에 귀 기울여야 할 이유가 없습니다. 아무 가치도 찾을 수 없는 목소리입니다.

하나님의 백성

인간이 아무것도 아닌 존재라는 사실을 성경은 대충 덮고 가는 적이 없습니다. 이 점은 아주 특별한 존재인 하나님의 백성에 대해서도 마찬가지입니다.

6 너는 여호와 네 하나님의 성민이라 네 하나님 여호와께서 지상 만민 중에서 너를 자기 기업의 백성으로 택하셨나니 7 여호와께서 너희를 기뻐하시고 너희를 택하심은 너희가 다른 민족보다 수효가 많기 때문이 아니니라 너희는 오히려 모든 민족 중에 가장 적으니라 8 여호와께서 다만 너희를 사랑하심으로 말미암아, 또는 너희의 조상들에게 하신 맹세를 지키려 하심으로 말미암아 자기의 권능의 손으로 너희를 인도하여 내시되 너희를 그 종 되었던 집에서 애굽 왕 바로의 손에서 속량하셨나니 9 그런즉 너는 알라 오직 네 하나님 여호와는 하나님이시요 신실하신 하나님이시라 그를 사랑하고 그의 계명을 지키는 자에게는 천 대까지 그의 언약을 이행하시며 인애를 베푸시되 10 그를 미워하는 자에게는 당장에 보응하여 멸하시나니 여호와는 자기를 미워하는 자에게 지체하지 아니하시고 당장에 그에

게 보응하시느니라 11 그런즉 너는 오늘 내가 네게 명하는 명령과 규례와 법도를 지켜 행할지니라 (신 7:6-11)

이스라엘이 처음 출범할 때부터 분명히 짚고 있습니다. 이스라엘은 수효도 많지 않습니다. 숫자로 따지면 오히려 가장 적습니다. 이들에게는 독특하게 내세울 것이 없었다는 말입니다. 특출난 것이 없어서 할 수 없이 숫자로 따져 봐도 그렇다는 겁니다.

그런데 왜 이들이 하나님의 백성인 거룩한 백성, 성민(聖民)이 되었을까요. 하나님에게 사랑을 많이 받았기 때문입니다. 하나님이 사랑하셔서 이들이 특별한 자리에 이른 것입니다. 그것 없이 이스라엘은 아무것도 아닙니다.

이런 차원에서, 10절의 '그를 미워하는 자에게는 당장에 보응하여 멸하시나니'라는 말을 이해할 수 있습니다. 하나님을 미워하는 사람이란, 자기가 아무것도 아니라는 사실을 망각하고 하나님의 자리에 오르려고 하는 자입니다. 그렇게 행동하면 그에 마땅한 보응을 받게 될 것입니다.

그 보응이 무엇입니까. 에스겔서 본문에서 선지자가 전하고 있는 이스라엘의 처절한 본래의 모습입니다. 쓸모 있는 물건의 재료조차 될 수 없는 나무, 불에 타고 그을려 땔감으로도 쓸 수 없는 나무입니다. 피조물은 혼자 서 있으려고 할 때, 존재의 실상이 확연히 드러납니다. 아무 쓸모도 없고, 심지어 불에 반쯤 타 버린 상태, 이것이 피조물의 실상입니다. 하나님은 지금 이스라엘에게 화를 내시는 것이 아닙니다.

심판은 인간의 현실을 또렷이 드러냅니다. '너희가 누구냐? 들포도나무 아니냐.' 하나님을 잊고, 자기 존재를 망각하고 스스로 가치를 만들어 낼 수 있는 것처럼 굴다가는 본래의 모습이 드러납니다. 이것이 피조물의 근본 조건입니다. 들포도나무인 우리는 이 사실 앞에 서 있습니다. 이 점을 충분히 염두에 두어야만, 기독교가 우리에게 하려는 말을 이해할 수 있습니다.

하나님은 우리에게 우리 존재의 쓸모와 가치를 증명하라고 하지 않으십니다. 기독교에서는 자신을 잘 갈고 닦아서 어제보다 훌륭한 존재가 되는 것을 목표로 삼지도 않습니다. 우리에게는 끌어올릴 내적 가치 같은 것이 없기 때문입니다. 여기에서 우리의 자기 이해가 시작됩니다.

예수님의 가르침

이런 맥락에 들어서면, 비로소 예수님의 말씀에 귀 기울일 수 있습니다.

> 34 그들이 잠잠하니 이는 길에서 서로 누가 크냐 하고 쟁론하였음이라 35 예수께서 앉으사 열두 제자를 불러서 이르시되 누구든지 첫째가 되고자 하면 뭇 사람의 끝이 되며 뭇 사람을 섬기는 자가 되어야 하리라 하시고 (막 9:34-35)

예수님을 따르던 사람들에게도 자기 존재의 가치를 확인하는 것이 큰 주제였습니다. 제자들이 길에서 토론하고 있습니다. 주제는 '누가 큰가'입니다. 이 모습을 보고 예수님은 아예 자리를 잡고 앉으셔서 제자들에게 말씀하기 시작합니다. 그러나 이렇게 일이 매듭지어지지 못하고, 이 주제가 다시 등장합니다. 예수님이 설명하셔도 제자들은 제대로 이해하지 못하기 때문입니다.

세베대의 아들인 두 제자의 이야기가 이어집니다. 야고보와 요한이 예수님에게 와서 하나는 주의 우편에, 하나는 주의 좌편에 앉게 해 달라고 합니다. 자기들을 예수님의 오른팔과 왼팔로 확정해 달라는 말입니다. 예수님은 그 말을 들으시고 '너희가 뭔가 헷갈리는구나' 하시는 투로 이렇게 답하십니다.

> **42** 예수께서 불러다가 이르시되 이방인의 집권자들이 그들을 임의로 주관하고 그 고관들이 그들에게 권세를 부리는 줄을 너희가 알거니와 **43** 너희 중에는 그렇지 않을지니 너희 중에 누구든지 크고자 하는 자는 너희를 섬기는 자가 되고 **44** 너희 중에 누구든지 으뜸이 되고자 하는 자는 모든 사람의 종이 되어야 하리라 (막 10 : 42-44)

예수님이 거듭 말씀하십니다. '뭇 사람의 끝이 되며 뭇 사람을 섬기는 자가 되어야 한다.' '너희는 섬기는 자가 되고, 모든 사람의 종이 되어야 한다.' 첫째가 되고 싶다면, 가장 낮은 자가 되어야 한다고 합니다.

예수님은 처세의 방법을 가르치시는 것이 아닙니다. 인생에서 일등이 되고자 한다면 낮추는 방식의 전술을 택해야 한다고 조언하시는 것이 아닙니다. 여기서 말씀하시는 것은 인간 존재의 근본 조건입니다. 인간은 원래 누구 위에서 자기 가치를 뽐낼 수 있는 존재가 아닙니다. 설령 인간이 가치 있는 존재가 되고자 한다면, 무엇보다도 이 원래의 모습, 곧 가치 없음을 인정하는 것에서 시작해야 합니다.

창조주께서는 인간을 창조하시고 영광스러운 길을 열어 놓으셨습니다. 하나님이 인간을 만드시고 인간다움이 제대로 구현되는 복된 길을 열어 놓으셨는데, 그 길의 첫걸음은 자신이 아무것도 아니라는 것을 인정하는 데서 시작됩니다. 너희는 섬기는 자로서 모든 사람의 종, 모든 사람의 끝이 되어야 한다고 말씀하시는 것은, 그 사실을 외면하고서는 한 걸음도 나아갈 수 없다고 천명하시는 것입니다.

여기에 성경이 드러내는 신비가 있습니다. 우리는 우리 자신에게 집중하는 이상, 절대 자신을 얻지 못할 것입니다. 그렇게는 결코 자기의 가치를 발견하지 못할 것입니다. 나 자신의 가치, 나 자신의 쓸모, 나라는 존재에 대한 집중을 거두어들일 때에야, 자기를 확인하려는 시도를 그칠 때에야 비로소 나의 존재 가치가 생겨나기 시작합니다.

에스겔 15장 본문은 우리 신앙의 출발점을 상기시킵니다. 그러니 하나님의 백성들은 성경 말씀 앞에서 이렇게 물어야 합니다. '나는 정말 아무것도 아닌데, 우주와 세계는 내게 귀 기울일 이유가 전혀 없는데, 성경이 내게 말을 걸며 전하는 이 이상스럽기까지 한 이야기는 무엇일까.'

성경은 이런 꼴의 우리에게 영광된 일이 벌어졌다고 합니다.

책장을 넘길 때마다 우리에게 벌어진 놀라운 일들을 펼쳐 냅니다. 그래서 우리는 성경 이야기를 즐겨 듣습니다.

그러나 이렇게 복된 사연이 가득함에도 여전히 움직이지 않는 사실이 있습니다. 하나님의 백성인 우리는 어떤 존재였습니까. 우리는 근본이 들포도나무입니다. 그것도 땔감용 들포도나무입니다. 하나님의 백성으로 초대되었다고 해서 이 사실이 바뀌는 것은 아닙니다.

이스라엘 백성들은 인생에 대한 소망을 말하기 전에, 무엇을 꿈꾸기 전에 이 사실부터 분명히 인정해야 했습니다. 우리는 아무것도 아닌 자라는 사실을 기억해야 했던 것입니다. 이 사실을 외면하고 하나님으로부터 '너희는 중요한 존재다'라는 말을 듣고자 했을 때부터 우상 숭배가 시작된 것입니다.

그러면 우리는 전혀 무가치한 존재일까요. 성경은 그렇게 말하는 것을 결론으로 삼지 않습니다. 인간의 가치에 대해, 우리의 생각과는 다른 식으로 길을 열어 갑니다. 우리 자신을 들포도나무와 같지 않게 이해할 수 있는 길이 다른 방식으로 찾아집니다. 스스로를 다르게 이해할 수 있는 유일한 가능성을 성경에서 찾을 수 있습니다.

1 나는 참포도나무요 내 아버지는 농부라 2 무릇 내게 붙어 있어 열매를 맺지 아니하는 가지는 아버지께서 그것을 제거해 버리시고 무릇 열매를 맺는 가지는 더 열매를 맺게 하려 하여 그것을 깨끗하게 하시느니라 3 너희는 내가 일러준 말로 이미 깨끗하여졌으니 4 내 안에 거하라 나도 너희 안에 거하리라 가지가 포도나

무에 붙어 있지 아니하면 스스로 열매를 맺을 수 없음 같이 너희도 내 안에 있지 아니하면 그러하리라 5 나는 포도나무요 너희는 가지라 그가 내 안에, 내가 그 안에 거하면 사람이 열매를 많이 맺나니 나를 떠나서는 너희가 아무 것도 할 수 없음이라 6 사람이 내 안에 거하지 아니하면 가지처럼 밖에 버려져 마르나니 사람들이 그것을 모아다가 불에 던져 사르느니라 (요 15:1-6)

여기에 또 포도나무가 나옵니다. 땔감용이라는 용도에 대한 이야기도 다시 나옵니다. 그런데 이번에는 들포도나무와 다른 '참포도나무'가 등장합니다. 예수님은 당신을 참포도나무로, 제자들을 가지로 말씀하시면서, 가지인 제자들에게 참포도나무에 꼭 붙어 있으라고 하십니다. 그저 붙어 있기만 하면 열매를 많이 얻게 될 것이라고 하십니다. 만일 가지가 나무에 붙어 있지 않으면 어떻게 될까요. 물론 열매를 맺을 수 없고, 말라 버려 끝내는 땔감용이 됩니다.

피조물은, 설령 하나님의 백성이라고까지 불릴 만큼 영광스러운 존재라 하더라도, 그 존재 가치는 언제나 하나님과의 관계에서 찾아집니다. 하나님과의 관계가 끊어지면, 원래의 존재만이 남습니다. 원래의 존재, 곧 땔감용입니다. 없애는 것 말고는 의미를 찾을 수 없는 존재입니다.

마가복음에 적힌 예수님의 말씀을 곰곰이 생각해야 합니다. '누구든지 첫째가 되고자 한다면, 하나님의 영광스러운 존재가 되고자 한다면, 뭇 사람을 섬기는 자, 뭇 사람의 끝이 되어야 한다.' 우리는 그리스도와 붙어 있지 않으면 아무것도 될 수 없습니다.

교회에서 우리의 관심사는, 하나님과 별개로 독립된 존재로서 내가 멋있어지는 것이 아닙니다. 우리 기분을 좋게 하는 이런 말을 조심해야 합니다. '네가 없으면, 우리 부서가, 우리 교회가 어떻게 되겠니! 너야말로 우리의 희망이다. 네가 있어서 우리 모임이 빛난다.'

잠이 안 올 만큼 기분 좋은 말일 겁니다. 그러나 조심해야 합니다. 여느 모임이나 조직이라면, 이 말은 큰 헌신까지 끌어낼 멋진 동기부여의 말이 될 것입니다. 그러나 성경은 우리를 이런 식으로 격려하지 않습니다. 교회에서는 이런 말이 열심의 동기가 될 수 없습니다.

내가 얼마나 괜찮은 존재인지를 확인하고 싶어 하는 우리에게 하나님은 자꾸 이렇게만 위로하십니다. '내가 있다.' 우리는 듣고 싶은 말이 따로 있어서 자꾸 묻습니다. '저 오늘 멋있었지요. 잘하지 않았나요. 칭찬 한마디만 해 주시면 됩니다. 그러면 살겠습니다.' 그런데도 하나님의 답은 똑같습니다. '너에겐 내가 있다.'

왜 그 말뿐이실까요. 그것이 위대한 진실이기 때문입니다. 우리는 하나님 없이는 아무것도 거둘 수 없습니다. 우리라는 존재는, 우리의 영광은 하나님과 함께 있을 때만 찾아집니다. 우리가 아무리 찬란한 빛을 내뿜고 있는 것처럼 보여도, 우리는 빛이 아닙니다. 하나님이 떠나가시면, 땔감용인 우리의 실상이 드러납니다.

하나님은 우리에게 능력을 요구하지 않으십니다. 하나님이 우리를 사랑하시는 것은 우리가 그분을 위해 무엇을 해낼 것이기 때문이 아닙니다. 우리가 그리스도인으로 모여 있는 것은 아무것도 아닌 우리를 하나님이 사랑하셔서 그분의 백성으로 불러 주셨기 때문입니다.

내가 어떤 존재인지를 분명히 인식하고, 하나님 안에서 나를 새롭게 발견하는 우리가 되기를 바랍니다. 아니, 나를 발견하는 것 말고 하나님을 발견하여 삶의 기쁨을 확인하고, 살아갈 이유를 발견하는 우리가 되길 소망합니다.

기도

하나님, 저희는 스스로도 자신을 용납하지 못하여, 이런 인생을 왜 사는가 하는 질문에 사로잡히곤 합니다. 그런 우리에게 하나님께서 다가오셔서 '내가 너희를 사랑한다' 하고 말씀해 주십니다.

우리가 그렇게 하나님으로, 하나님이 주시는 사랑에 힘입어 살아가는 존재라는 것을 잊지 않게 하여 주십시오. 하나님 품에서도 나를 발견하려고 애쓰는 어리석음을 범하지 않고, 주님을 바라보고 주께서 주시는 기쁨으로 우리 인생을 채워 가는 주의 자녀들 되게 하여 주시옵소서. 예수님의 이름으로 기도합니다. 아멘.

06

우상의 실체

윤철규

59 나 주 여호와가 이같이 말하노라 네가 맹세를 멸시하여 언약을 배반하였은즉 내가 네 행한 대로 네게 행하리라 **60** 그러나 내가 너의 어렸을 때에 너와 세운 언약을 기억하고 너와 영원한 언약을 세우리라 **61** 네가 네 형과 아우를 접대할 때에 네 행위를 기억하고 부끄러워할 것이라 내가 그들을 네게 딸로 주려니와 네 언약으로 말미암음이 아니니라 **62** 내가 네게 내 언약을 세워 내가 여호와인 줄 네가 알게 하리니 **63** 이는 내가 네 모든 행한 일을 용서한 후에 네가 기억하고 놀라고 부끄러워서 다시는 입을 열지 못하게 하려 함이니라 주 여호와의 말씀이니라 (겔 16:59-63)

네 몸이 그들의 것이 되도다

우리는 에스겔서를 통해서 하나님의 언약 백성으로 부름을 받은 유다가 멸망할 거라는 예언을 살피는 중입니다. 특히 16장에서는 언약 백성의 죄악을 고발하는 데 성경의 그 어떤 말씀보다 강렬하고 무시무시한 내용을 전하고 있습니다. 여기에서는 굉장히 적나라한 표현을 사용하고 있습니다.

　우리는 대개 성경을 개역개정판으로 보고 있는데 표현이 상당히 예스럽습니다. 그래서 좋은 번역이기는 하지만, 내용이 피부로 와닿지 않는 것 같은 한계가 있어 보입니다. 실제로 이 대목을 새번역 성경이나 유진 피터슨의 메시지 성경으로 읽어 보면 성경에 어떻게 이러한 이야기들이 있는가, 하는 생각을 하게 됩니다. 영어 성경도 마찬가지입니다. 아무리 순화하여 표현하려고 해도 너무나 충격적인 내용이기 때문에 이 글을 교회 안에서 읽어도 될까 싶을 정도입니다.

그만큼 유다의 죄악이 극심하다는 것을 이런 표현들을 통해 드러내고 있습니다. 놀라운 것은 이런 내용이 포함된 에스겔서가 유대 공동체에 의해서 성경으로 받아들여졌다는 사실입니다. 그리고 하나님의 구원 역사가 모든 민족에게 펼쳐지는 신약 시대를 사는 우리에게도 이 에스겔서가 성경으로 주어져 있습니다.

사람들이 상대에게 수치를 주기 위해서 사용하는 여러 가지 표현들이 있습니다. 그런데 대부분이 성적인 표현들입니다. 굳이 그런 욕설을 떠올릴 필요는 없겠지만, 우리가 아는 그 어떤 표현보다도 심한 표현이 성경 안에 들어와 있습니다.

먼저 16장 1절에서 14절을 요약하면, '태어나서 마땅히 받아야 할 조치를 받지 못하고 무자비하게 버려진 아이가 있었다. 내가 그 아이를 발견하여 길렀다. 그 아이가 자라서 아름다운 여인이 되어 나는 그녀와 함께 살기를 결심하였다. 또한 나는 그녀에게 많은 영광과 지위를 허락해 주었다'라는 내용입니다. 일종의 우화입니다. 여기서 '나'는 누가 봐도 여호와 하나님이고 광야에 버려졌지만 구출되어 길러진 아리따운 소녀는 이스라엘입니다. 그러니 이 구절을 현대인의 관점에서 남녀 관계에 관한 이야기로 생각하면 곤란합니다.

주님이 이스라엘을 어떻게 대하셨는지 드러나는 구절을 봅시다.

9 내가 물로 네 피를 씻어 없애고 네게 기름을 바르고 (겔 16 : 9)

일종의 치료와 정결하게 하는 행동의 상징적 표현입니다.

10 수 놓은 옷을 입히고 물돼지 가죽신을 신기고 (겔 16 : 10 상)

여기 물돼지가 무엇일까 한참 생각해 보았는데, 어떤 번역에서는 물개 가죽이라고 적혀 있습니다. 그 당시 구할 수 있는 최고 품질의 부드러운 가죽으로 신발을 만들어 신겼다는 뜻인 것 같습니다.

10 가는 베로 두르고 모시로 덧입히고 11 패물을 채우고 팔고리를 손목에 끼우고 목걸이를 목에 걸고 12 코고리를 코에 달고 귀고리를 귀에 달고 화려한 왕관을 머리에 씌웠나니 13 이와 같이 네가 금, 은으로 장식하고 가는 베와 모시와 수 놓은 것을 입으며 또 고운 밀가루와 꿀과 기름을 먹음으로 극히 곱고 형통하여 왕후의 지위에 올랐느니라 (겔 16 : 10 하-13)

최고로 아름다운 장식, 아름다운 화장, 아름다운 치장을 하게 했다고 합니다. 그리고 신부에 걸맞은 영광을 주었습니다. 그래서 14절은 이렇게 이어집니다.

14 네 화려함으로 말미암아 네 명성이 이방인 중에 퍼졌음은 내가 네게 입힌 영화로 네 화려함이 온전함이라 나 주 여호와의 말이니라 (겔 16 : 14)

솔로몬 시대에 예루살렘 성과 성전의 아름다운 모습을 외국의 여왕이 와서 보고 감탄했던 것을 떠올리게 합니다. 또한, 그토록 아름다웠던 이스라엘의 도성들, 그리고 주변 국가에 알려졌던 이스라엘의 명예로운 이름을 떠올리게 하는 구절입니다. 그런데 15절에 가면 굉장히 적나라한 표현이 나옵니다.

> **15** 그러나 네가 네 화려함을 믿고 네 명성을 가지고 행음하되 지나가는 모든 자와 더불어 음란을 많이 행하므로 네 몸이 그들의 것이 되도다 (겔 16:15)

이런 상상을 한번 해 봅시다. 가령 내가 우리나라에서 손꼽히는 부자라고 합시다. 어느 날 교회에 왔는데 옷도 잘 못 입고, 비리비리하게 계속 굶고 다니던 형제를 보고 불쌍한 마음에 밥을 몇 번 사 주다가 결국 그와 사귀게 되었습니다. 그를 너무나 사랑해서 매일 5성급 호텔에 가서 밥을 먹여 주고, '미쉐린 가이드'에서 별 3개 등급을 받은 식당이 아니면 가지도 않고, 좋은 신발을 사 주고, 좋은 차를 사 주고, 결혼해 우리나라에서 제일 좋은 집도 마련해 주었습니다. 그런데 어느 날 내가 잠시 외국에 출장을 다녀왔더니 그 집에 내가 아닌 다른 여자들이 가득 차 있는 겁니다. 그 여자들과 침실을 같이 쓰고 있고 내가 사 준 스카프, 내가 사 준 시계, 내가 사 준 보석들을 다른 여자들에게 나누어 주면서 이렇게 말하는 겁니다. "걱정하지 마. 나와 같이 사는 그 사람은 내가 이렇게 해도 괜찮을 거야. 나한테 완전히 빠져 있거든." 이렇게 나를 조롱한다고 생각해 봅시다. 어떤 심정이 들까요? 당장 그를 내쫓을 것입니다.

약간 억지스럽게 비유하자면 주님의 마음이 그런 마음입니다. '내가 너를 얼마나 사랑스럽게 대하고, 귀히 여겨 주었는데, 어떻게 네가 나에게 그럴 수 있느냐?' 부부 간에 지켜야 할 성적 순결에 대한 약속을 저버린, 아니 그 정도 수준을 넘어 적극적으로 몸을 팔고 행음하는 그런 존재로 이스라엘을 묘사하고 있습니다. 15절은 하나님의 처지에서 열불이 나는 표현입니다. 하나님과 이스라엘 사이의 관계와 긴장을 굉장히 압축적으로 보여 주는 표현이라고 생각합니다. "네 몸은 내 것이다. 너는 나에게 충실해야 한다. 너는 나의 백성이다. 그런데 너의 몸이 그들의 것이 되어 버렸구나."

우상을 숭배하는 마음

하나님이 지적하고 계시는 유다의 현재 상황은 구체적으로 어땠을까요. 17절부터 보겠습니다.

> 17 네가 또 내가 준 금, 은 장식품으로 너를 위하여 남자 우상을 만들어 행음하며 18 또 네 수 놓은 옷을 그 우상에게 입히고 나의 기름과 향을 그 앞에 베풀며 19 또 내가 네게 주어 먹게 한 내 음식물 곧 고운 밀가루와 기름과 꿀을 네가 그 앞에 베풀어 향기를 삼았나니 과연 그렇게 하였느니라 주 여호와의 말씀이니라
> (겔 16:17-19)

"내가 네게 준 복을 가지고 그것으로 나를 섬기고 나와의 관계를 깊게 하는데 사용한 것이 아니라, 네가 만든 남자 우상을 치장하고 그들과 행음하는 데에 사용하는구나"라고 주님이 지적하십니다.

어떤 학자들은 여기서 표현하는 남자 우상이 남근을 상징하는 단어라고 생각합니다. 당시 가나안의 종교는 우리가 상상하는 것 이상으로 굉장히 성적이었습니다. 여타의 다신교 문화권에서와 마찬가지로 그들에게는 남신이 있고 여신이 있었습니다. 하늘의 신인 바알은 남신, 땅의 신인 아세라 여신입니다. 남신과 여신이 성적으로 교합을 하면 그 결과 남신의 정액에 해당하는 비가 여신의 자궁에 해당하는 땅에 내려 생명이 자라게 된다고 생각한 것입니다.

이런 이해는 가나안 지역에만 있었던 것이 아닙니다. 고대로부터 내려오는 여러 종교나 신화에도 이런 식의 이해가 남아 있습니다. 인간이 먹고살기 위해서는 농사를 지어야 하는데, 농사는 인간의 뜻대로 되지 않습니다. 사람이 노력만 하면 되는 게 아니라, 적당한 햇빛도 비쳐야 하고, 적당한 비도 내려야 합니다. 비가 내려야 할 때 안 오면 큰일입니다. 그런 상황에서 불안한 마음을 완화하기 위해 고안한 방법 중 하나가 기우제입니다.

가나안 사람들에게도 기우제를 지낼 수밖에 없는 상황이 닥칠 때가 있었습니다. 그 속에서 겪는 불안한 마음이 그들의 종교적 관념과 연결되어서 그런 행위를 하게 한 것입니다. 신들이 성적으로 교합을 해야 비가 오는데, 하지 않고 있으니, 그 신들이 성적 자극을 받도록 인간들이 신전에서 실제 성행위를 하는 것입니다. 현대인들이 보기에는 이런 것이 너무나 터무니없지만, 그들에게는 나름대로 아주 중요한 예배 행위였습니다.

이런 일들은 가나안뿐만 아니라 후대의 그리스나 로마에서도 많이 행해졌습니다. 로마 시대에도 도시마다 여러 신전들이 있었고, 신전마다 신을 섬기는 제사장인 동시에 몸을 파는 신전 창기들이 있었습니다. 가나안 종교와 비슷한 신화적 사고방식이 그런 종교 체제를 가능하게 한 것으로 보입니다. 우리가 보았을 때는 굉장히 기괴한 일이고 윤리 도덕적으로 말이 안 되는 일이지만, 그 당시 사람들의 처지에서는 합리적 행위였습니다. 얼마나 비가 내리기를 원했으면 그렇게까지 했을까요. 하지만 비행기를 타고 하늘로 올라가서 인공 비를 만들어 낼 과학 기술이 없는 시대였기 때문에 자신들이 할 수 있는 최선의 행위를 한 것입니다. 그렇게 하면 신비한 존재들을 통제할 수 있을 것이라는 믿음, 설령 그것이 거짓 믿음이라고 할지라도 그런 것조차 없으면 사람은 견딜 수 없을 테니 말입니다.

상황을 통제할 수는 없지만, 일이 원하는 대로 되어야 생존을 유지할 수 있는 상황에서 사람이 할 수 있는 최선은 종교적 성심을 보이는 것입니다. 이렇게 그들은 지성이면 감천이라는 마음으로 현재와 미래를 보장받기 위해 어떤 일까지 저지를까요? 20절 말씀입니다.

20 또 네가 나를 위하여 낳은 네 자녀를 그들에게 데리고 가서 드려 제물로 삼아

> 불살랐느니라 네가 네 음행을 작은 일로 여겨서 21 나의 자녀들을 죽여 우상에게 넘겨 불 가운데로 지나가게 하였느냐 (겔 16 : 20 – 21)

이스라엘 중에서 태어난 자녀들은 다 주님의 자녀입니다. 그런데 그 자녀를 어떻게 합니까. '제물로 삼아 불살'라 버립니다. 주님이 그런 그들을 질책하십니다. '너희가 행하는 그런 짓들을 계속하도록 내버려 둔다면, 나는 하나님이 아니다!'

이 지점에서 이런 질문을 던지고 싶습니다. '도대체 사람이 어떤 심정이 되어야, 어떤 사고방식을 가져야 자기 생명보다 귀한 자녀를 자기의 욕망과 욕심을 위해 불 가운데 던질 수 있을 것인가?' 실제로 이스라엘의 주변국인 모압이나 암몬 사람들이 우상을 섬기는 방식 중에는 자녀를 불 가운데로 지나가게 하거나 산 채로 잡아 바치는 풍습이 있었습니다. 한번 상상해 봅시다. 어떤 지경에 이르러야 자기 자녀를 불에 바치면서까지 신을 섬길 수 있을까요?

제가 생각하는 답은 이것입니다. 그들이 섬기는 신은 그들 외부에 존재하는 타자가 아닌 것입니다. 외부에 있는 독립된 신이 아닙니다. 그들이 정말 섬기고 있는 신은 자기 욕망입니다. 일종의 '남자 우상', '남근의 형상을 한 우상'으로 상징되는 것, 그 어떤 것으로도 만족시킬 수도 없고 채울 수 없는 욕망, 그러나 때로는 순수하기까지 한, 너무 순수해서 창백하게 보일 정도로 처절하기까지 한 그 욕망, 그런 자신의 욕망을 우상에게 투영하여 그 일을 위해서라면 자녀도 불 가운데로 지나가게 하는 것 아닐까요.

6 우상의 실체

그것이 바로 우상을 만들어 내는 인간의 죄 된 마음의 풍경, 마음의 진면목이 아닌가, 라고 생각해 볼 수 있을 것 같습니다.

성경은 계속해서 성적 비유를 통해 이스라엘의 행음을 지적합니다. '네가 애굽 사람과도 행음을 하고, 앗수르 사람과도 행음을 한다.' 하나님은 그들이 주변국과 가졌던 외교 관계를 행음이라고 표현하십니다. 한 나라가 존재하면서 주변 나라들과 외교 관계를 맺지 않을 수는 없을 것입니다. 모든 게 다 복잡하게 얽혀 있으니 말입니다. 그런데 하나님은 당시 유다가 외교적으로 사신을 보내고, 협상하는 차원에서 행했던 행위 자체를 문제 삼는 것이 아니라 유다가 유다로, 그 스스로 줏대 있게 서지 못하는 것을 지적하시는 것입니다. 거기에는 자신들의 욕망과 안전 보장을 위해 애굽에게 몸을 파는 행위가 포함됩니다. 자신의 정체성을 버리면서까지 애굽을 의지하는 태도, 조상으로부터 전해 받은 여호와 신앙과 하나님이 주신 율법을 가볍게 여기고, 애굽의 사상을, 그들의 우상들을 마음 깊이 수용하는 태도 또한 포함되어 있을 것입니다. 애굽이 강할 때는 애굽에게, 앗수르가 강할 때는 앗수르에게 붙어서 말입니다. 이런 통렬한 비판은, 이방을 남성에 비유하며 그들과의 성적 교합을 추구하는 몹시 음란한 여인에 예루살렘을 비유하는 대목에서 절정에 이릅니다.

이런 상황에서 주님이 '내가 이런 예루살렘을 심판하지 않을 수가 있겠느냐?' 하며 철저하게 그들의 수치를 드러내고 계십니다. 16장 전체가 다 그런 내용입니다. 대표로 몇 구절을 좀 더 보겠습니다. 43절입니다.

43 네가 어렸을 때를 기억하지 아니하고 이 모든 일로 나를 분노하게 하였은즉 내가 네 행위대로 네 머리에 보응하리니 네가 이 음란과 네 모든 가증한 일을 다시는 행하지 아니하리라 주 여호와의 말씀이니라 (겔 16 : 43)

주님은 강력하게 말씀하십니다. 그런 강력한 말씀에 상응하여 그들을 어느 정도로 치십니까. 예루살렘 성벽을 무너뜨리시기까지, 성전을 쓸어버리시기까지 그들을 치십니다. 그렇게 하지 않으면 그들 안에 깊숙이 뿌리를 틀고 있는 우상을 숭배하려는 욕망이 사라지지 않기 때문입니다.

실제로 성경을 읽어 보면 포로로 잡혀가기 전에 이스라엘과 유다가 앓았던 고질적인 문제, 유다의 선한 왕들이 그렇게 개혁해 보려고 애썼던 산당을 제거하는 문제가 만만치 않은 문제였다는 걸 알게 됩니다. 유다와 이스라엘 곳곳에 마을마다, 산마다, 나무 아래마다 백성들이 우상을 섬기기 위해 세워 두었던 산당을 제거하는 문제는 히스기야 때도, 요시야 때도 완전히 해결되지 않았던 문제였습니다. 그런데 이들이 포로로 잡혀간 다음에는 이 산당에 대한 기록이 성경에 더 이상 나오지 않습니다. 불같은 시련의 역사 속에서 진보가 있었음을 알게 됩니다.

유다의 천한 근본과 악한 행실

45절부터는 하나님이 또 다른 차원에서 그들의 수치를 드러내십니다.

45 너는 그 남편과 자녀를 싫어한 어머니의 딸이요 너는 그 남편과 자녀를 싫어한 형의 동생이로다 네 어머니는 헷 사람이요 네 아버지는 아모리 사람이며 46 네 형은 그 딸들과 함께 네 왼쪽에 거주하는 사마리아요 네 아우는 그 딸들과 함께 네 오른쪽에 거주하는 소돔이라 47 네가 그들의 행위대로만 행하지 아니하며 그 가증한 대로만 행하지 아니하고 그것을 적게 여겨서 네 모든 행위가 그보다 더욱 부패하였도다 48 주 여호와의 말씀이니라 내가 나의 삶을 두고 맹세하노니 네 아우 소돔 곧 그와 그의 딸들은 너와 네 딸들의 행위 같이 행하지 아니하였느니라

(겔 16 : 45-48)

주께서 이런 지적을 하고 계십니다. "지금 너는 네 혈통이 대단하니 안전하고 망하지 않을 것이라고 생각하느냐? 너는 너의 영광과 지위와 안전이 네가 가진 조건에서 기인한다고 생각하느냐? 너는 지금도 계속 그것을 붙잡기 위해서 열심히 우상을 숭배하는구나. 네 손아귀에 쥐고 조작할 수 있는 것들로, 너의 욕망을 투영할 수 있는 것들로 계속해서 너의 삶을 끌고 가려고 하는구나. 그런데 너는 네가 누리는 지위와 영광과 신분이 너에게서 기인하는 것이라고 생각하느냐?"

왜 이런 지적을 하셨을까요. 예레미야서 같은 데서도 잘 드러나지만, 당시 유다 사람들은 자신들이 망하지 않을 거라고 확신했고, 그런 그들의 확신을 강화하는 거짓 선지자들의 메시지가 많았기 때문입니다. "우리가 왜 망해! 우린 하나님이 모세를 통해 애굽에서 끄집어낸 백성이잖아. 우리는 아브라함의 후손들이잖아. 하나님이 우리와 언약을 맺으셨잖아. 하나님이 다윗에게

복을 주셨잖아. 이 성전은 그냥 세운 성전이 아니잖아. 하나님이 다윗에게 준비시키시고 그의 아들인 지혜의 왕 솔로몬에게 세우게 하신 성전이잖아. 이 장대하고 아름다운 성전을 봐. 하나님이 세우신 이 아름다운 성전이 무너진다는 것은 말이 되지 않아. 우리 중 일부가 포로로 잡혀가기는 했지만, 수년 안에 돌아오게 될 거야. 우리는 견고할 거야. 왜? 우리는 하나님이 택하신 이스라엘이니까. 우리는 하나님에게 복을 받은 다윗의 후손들이 다스리는 유다니까."

이런 거짓 선지자의 선동, 거짓된 신화, 왜곡된 민족주의와 국가주의를 주님이 철저하게 깨십니다. "네가 이스라엘로 태어났기 때문에, 네가 유다의 자손이기 때문에, 네가 아브라함의 후손이기 때문에 너의 안전이 보장되는 것이 아니다." 그렇다면 이스라엘의 안전은 어디에 있다고 말씀하시는 것일까요? 바로 하나님에게만 있다고 말씀하십니다. "너는 왜 자꾸 너에게 근거가 있다고 생각하느냐? 왜 네가 해결할 수 있는 문제라고 생각하느냐? 네가 굉장한 민족이라고? 네가 그렇게 대단한 나라라고? 네가 그렇게 굉장한 성읍이라고? 그렇다면 너의 출신 성분을 한번 따져 보자!" 주님이 이렇게 말씀하시는 겁니다. "네 어머니는 헷 사람이 아니냐." 헷은 세계사에 나오는 히타이트 민족입니다. 다윗의 부하였던 우리야가 대표적인 헷 사람으로, 이방인입니다. "네 아버지는 아모리 사람이 아니냐. 가나안 사람이 아니냐. 네 출신이 그렇지 않느냐. 너는 광야에서 태어나자마자 버려진 보잘것없는 존재가 아니었느냐. 그런 너를 내가 영화롭게 만들었는데, 어떻게 네 영광과 안전을, 네 인생의 문제를 네 손으로 통제할 수 있다고 생각하느냐?"

하나님이 말씀을 이어 가십니다. "지금 보니 너는 소돔과 사마리아와 같은 핏줄을 지닌 그들의 자매로구나. 같은 형제로구나." 이 성읍들은 이미 다 멸망한 성읍입니다. 소돔은 아브라함 때에 멸망했습니다. 사마리아는 북 이스라엘의 수도였는데 기원전 721년 혹은 722년에 앗수르에 의해서 멸망했습니다. 주님이 이렇게 말씀하시는 겁니다. "유다야, 예루살렘아, 내가 보니 너는 소돔과 사마리아와 자매간이구나. 너도 그들처럼 망하게 될 것이다. 지금 네가 하는 짓은 소돔이 했던 것보다 더하구나. 멸망당할 때의 사마리아가 너보다 낫구나." 49절을 봅시다.

> **49** 네 아우 소돔의 죄악은 이러하니 그와 그의 딸들에게 교만함과 음식물의 풍족함과 태평함이 있음이며 또 그가 가난하고 궁핍한 자를 도와 주지 아니하며 **50** 거만하여 가증한 일을 내 앞에서 행하였음이라 그러므로 내가 보고 곧 그들을 없이 하였느니라 (겔 16:49-50)

하나님이 당신의 백성에게 요구하시는 내용은 무엇일까요. 궁핍한 자를 도와주는 일입니다. 하나님이 창조하신 인간답게 사는 것을 요구하십니다. 소돔은 그 일에 실패했기 때문에 멸망했다고 합니다. 그런데 이런 일에 예루살렘은 더하지 않느냐고 지적하십니다. 심지어 사마리아를 들어 비교하십니다. 51절입니다.

51 사마리아는 네 죄의 절반도 범하지 아니하였느니라 네가 그들보다 가증한 일을 심히 행하였으므로 네 모든 가증한 행위로 네 형과 아우를 의롭게 하였느니라 52 네가 네 형과 아우를 유리하게 판단하였은즉 너도 네 수치를 담당할지니라 네가 그들보다 더욱 가증한 죄를 범하므로 그들이 너보다 의롭게 되었나니 네가 네 형과 아우를 의롭게 하였은즉 너는 놀라며 네 수치를 담당할지니라 (겔 16:51-52)

"네가 하는 일을 보니, 그에 비하면 전에 멸망한 소돔과 사마리아는 의롭다고 말할 수 있을 정도다." 하나님이 예루살렘을 향해 말씀하십니다. 참으로 혹독한 비판이 아닐 수 없습니다. 하나님이 너무나도 무자비한 분으로 느껴지기까지 합니다.

그런데 주님의 지적은 이렇게 끝나지 않습니다. 놀랍게도 주님은 소돔과 사마리아가 회복될 것이라고 말씀하십니다.

53 내가 그들의 사로잡힘 곧 소돔과 그의 딸들의 사로잡힘과 사마리아와 그의 딸들의 사로잡힘과 그들 중에 너의 사로잡힌 자의 사로잡힘을 풀어 주어 54 네가 네 수욕을 담당하고 네가 행한 모든 일로 말미암아 부끄럽게 하리니 이는 네가 그들에게 위로가 됨이리 55 네 아우 소돔과 그의 딸들이 옛 지위를 회복할 것이요 사마리아와 그의 딸들도 그의 옛 지위를 회복할 것이며 너와 네 딸들도 너희 옛 지위를 회복할 것이니라 56 네가 교만하던 때에 네 아우 소돔을 네 입으로 말하지도 아니하였나니 57 곧 네 악이 드러나기 전이며 아람의 딸들이 너를 능욕하기 전이며 너의 사방에 둘러 있는 블레셋의 딸들이 너를 멸시하기 전이니라 58 네 음란과 네 가증한 일을 네가 담당하였느니라 나 여호와의 말이니라 (겔 16:53-58)

"사마리아와 소돔조차도 내가 회복할 것이다. 그리고 너희도 회복할 것이다. 지금 너희 상황이 어떤 줄 아느냐. 너희는 블레셋의 딸들이 멸시할 정도로 처참한 지경에 빠져 있다. 그러나 내가 너희를 회복할 것이다"라고 하십니다. 심판의 말씀과 회복의 말씀이 묘하게 섞여 있습니다.

위대한 '그러나'

엄청난 힐책이 이어지다가 본문 말씀인 59절이 나옵니다.

> **59** 나 주 여호와가 이같이 말하노라 네가 맹세를 멸시하여 언약을 배반하였은즉 내가 네 행한 대로 네게 행하리라 **60** 그러나 내가 너의 어렸을 때에 너와 세운 언약을 기억하고 너와 영원한 언약을 세우리라 (겔 16:59-60)

59절에서 하나님은 "나는 네가 행한 대로 너를 대하겠다. 너를 심판할 것이다"라고 유다에게 으름장을 놓으십니다. 그런데 바로 이어지는 60절에서는 전혀 다른 말씀을 하십니다. 그 사이에 '그러나'라는 접속사가 있습니다. 저는 이 '그러나'를 '위대한 그러나'라고 부르고 싶습니다. 말이 안 됩니다. 주님은 유다에게 '네가 내 언약을 배반하였으니 이제 너는 끝이다. 이제 나는 너를 영영 안 볼 것이다. 내 눈앞에서 사라져라. 지구를 떠나라' 이렇게 말씀하지 않으십니다. "'그러나' 나는 네가 어렸을 때 너와 세운 언약을 기억하겠다. 지금 네 행위를 보면, 너는 절대 구원

받을 수 없다. 네가 한 짓을 생각하면, 너는 회복될 수 없다. '그러나' 네가 어렸을 때 내가 가졌던 그 긍휼함을 기억하여, 너를 회복할 것이다"라고 이야기하십니다.

그러니 이 회복은 누구에게서 기인하는 것입니까? 예루살렘이나 이스라엘이나 유다가 아닙니다. 유다를 보시며, 예루살렘을 보시며, 이스라엘을 보시며 긍휼을 품으셨던 하나님에게서 기인합니다. 하나님이 당신의 그 긍휼을 기억하셔서 이들을 회복할 것이라고 말씀하십니다.

그 회복의 과정 가운데 신랄한 지적이 포함됩니다. "너는 태생이 잘난 민족이 아니다. 네 역사를 정확하게 까놓고 보자. 네 어머니는 헷 사람이고, 아버지는 아모리 사람이 아니냐? 그러니 무게 잡고 다니지 마라." 이런 지적이 나오는 구절들은 국가나 민족의 권위나 사람들이 가지고 있는 이상이나 스스로 굉장하다고 생각하는 것들에 대해 역사적 계보를 차근차근 밝혀서 그 실상을 철저하게 폭로했던, 니체나 푸코의 원형이 아닌가 싶을 정도로 적나라합니다. 그런데 그 일을 통해서 주님이 하고자 하셨던 바는 무엇일까요.

이 일이 지적과 심판만으로 끝나는 것이 아니라는 사실을 기억해야 합니다. 우리가 유념하여 살펴야 하는 내용이 있습니다. 이런 내용이 어떻게 성경에 들어와 있을까 싶을 정도로 어마어마한 하나님의 힐책이 지금 누구에게 주어지고 있는 것입니까. 유다와 이스라엘, 바로 하나님의 언약 백성에게 주어지고 있습니다.

에스겔을 통하여 전하시는 이 말씀을 받는 대상이 유다가 아니었다면, 하나님이 이 정도의 '파토스', 이런 뜨거운 마음과 열정으로 지적하시는 일은 존재하지 않았을 것입니다. 그러니 이스라엘은 모세의 때에, 여호수아의 때에 하나님이 그들과 함께하셔서 민족적 승리를 주실 때뿐만 아니라, 40년 동안 광야에서 헤매고, 애굽에서 나온 모든 사람이 가나안 땅에 들어가지 못하고 죽는 일을 통해서도 그들과 함께하시는 하나님을 경험합니다. 다윗 시대나, 솔로몬 시대 같이 강성한 국력을 경험했던 일뿐만이 아니라, 우여곡절 끝에 세워진 나라가 망하는 과정을 통해서도 하나님이 그들과 함께하신다고 고백할 수 있게 된 것입니다.

그러므로 에스겔서에 나오는 이 힐책은 하나님이 그의 언약 백성을 사랑하시고 그들에게 관심이 있으시기에 터져 나오는 것이라는 사실을 기억해야 합니다. 바울은 로마서 1장부터 3장에 이르기까지 모든 인간이 처한 곤경, 그 죄악의 현실을 폭로함과 동시에 이스라엘의 죄악 또한 그들의 죄악과 다르지 않다고 하여 이스라엘과 이방인의 죄악을 하나로 묶어서, 그들이 하나님에게 나아갈 수 없는 전적 타락의 상태에 있었다고 묘사합니다. 그런데 그 전적 파국과 불가능성의 해결책으로 하나님의 전적 가능성이시며 구원의 능력이신 예수 그리스도가 오십니다. 그리고 그들 모두를 끌어안아 역전하십니다. 그것이 바로 하나님의 복음입니다.

이런 사실들 앞에서 우리에게 자랑할 것이 있겠습니까. 에스겔의 말씀을 들었던 당대의 유다 백성들이 자랑할 수 있는 것이 있었겠습니까. 아무것도 없습니다. 우리는 주님을 배반한 사람들이었습니다. 우리는 못난 사람들이었습니다. "우리가 대단한 게 아니었어. 우리는 우리의 욕망을 따라 우상을 섬길 뿐이었어. 그런데 주님이 놀라운 은혜와 사랑으로 끊임없이 우리를 붙들고 계셨어. 그래서 우리는 자랑할 게 없어." 이스라엘과 우리가 나아가게 되는 자리입니다.

빌립보서 2장에서 이야기하듯이 '그는 근본 하나님의 본체시나 하나님과 동등됨을 취할 것으로 여기지 아니하시고 오히려 자기를 비워' 이 땅에 오신 예수 그리스도의 그 비우심을 우리가 아주 조금이라도 닮아 가게 되는 원동력이 바로 이러한 인식에 기초하고 있는 것입니다.

왜 우리 안에 갈등이 있습니까? 왜 우리 안에 서로를 향한 분노가 있고, 오해가 있고, 정죄가 있고, 배타가 있습니까? 서로를 바라보는 관점이 바뀌지 않기 때문입니다. 여전히 내가 중심이고 나를 위해서는 자식조차도 불구덩이 속에 집어넣겠다고 하는 철저한 자기중심주의 때문입니다. 주님이 다시 오실 때까지 모든 인간이 싸워야 하는 내용입니다. 그런데 우리는 얼마나 자주 이런 일들을 종교의 이름으로 대충 포장하고 덮어서 뭉개 버린 채 책임을 회피해 버립니까? 예루살렘 성전으로 포장하고, 율법으로 포장하고, 절기로 포장합니다. 주님은 정해진 때에 이스라엘 역사에서 그것을 다 폭로하십니다. "너희의 내면을 봐라. 너희는 여전히 우상을 만들고 섬기기를 좋아하는 족속이 아니냐."

그러나 그 폭로는 그들을 망하게 하는 폭로가 아니라, 그들의 현실을 완전히 뒤집으시는 하나님의 일하심을 통해 그들을 더 깊은 구원의 자리로 가게 하는 폭로입니다. 그들은 포로 생활 가운데 하나님이 요구하시는 깊은 시선을 갖는 자리로 가게 될 것입니다. 그 일을 잘 감당하라고 에스겔 선지자가 외치고 있는 것입니다.

파국을 통한 진보

윌리엄 폭스웰 올브라이트(William Foxwell Albright)라는 사람이 이런 말을 했습니다.

> 오직 진보 생활 수준의 향상, 의료 기술의 발전과 악습의 개혁, 조직화된 기독교의 확산 등을 통해서만 하나님이 자신을 계시하신다는 피상적인 믿음보다 진실에서 동떨어진 것은 없을 것이다. 몇 년 전만 하더라도 개신교와 가톨릭을 막론하고 모세와 엘리야와 예수의 믿음을 거의 대체하다시피 한 이런 유의 유신론적 사회 개량주의가 현재 수많은 사람들을 종교적 정착지에서 휩쓸어 가고 있다. 진정한 영적 진보는 오직 파국과 고난을 통해서만 이룩될 수 있으며, 대격변에 수반되는 근원적인 정화 작업 이후에 새로운 차원으로 승화된다. 옛 것이 휩쓸려 가고 새 것이 미처 태어나기 전 정신적·신체적 고뇌가 몰려오는 시간은 언제나 색다른 사회적 양식과 더 심오한 영적 통찰력을 낳는다. (윌리엄 폭스웰 올브라이트, 《석기시대부터 기독교까지》, CH북스, 402쪽)

어찌 보면 우리 시대는, 진보와 개선과 기독교 종교 활동을 통해서 사회를 발전시킬 수 있다는 믿음이 표출되었던 이전 시대가 끝난 후의 시대인지도 모르겠습니다. 그에 대한 부작용으로 수많은 사람이 기독교를 떠났습니다. 말이 되지 않기 때문입니다. 교회 안에 있는 제가 봐도 말이 안 되는 일이 너무나 많습니다. 정말 하나님을 섬기는 것인지, 자기 안에 있는 욕망을 섬기는 것인지 모를 정도로 탐욕스럽게 우뚝 솟은 건물을 세워 가는 교회와 목사들, 혹은 사회적 지위와 권력을 탐하는 교인들을 봅니다. 우리 한민족은 굉장히 특별한 민족이니까, 우리는 이스라엘과 동급이니까, 하나님이 우리를 끝까지 보살피실 거야, 라며 공허한 말들을 뇌까리는 이들입니다.

　이스라엘은 선택받은 잘난 민족의 상징이 아닙니다. 그 자체로는 아무것도 할 수 없고, 끊임없이 하나님에게 반역하여 하나님이 가지고 오시는 진노의 첫 번째 대상이 되었던 존재가 바로 이스라엘입니다. 주님을 섬기는 것인지, 자기를 섬기는 것인지 모를 짓들을 하고, 자기 자식까지도 불에 집어넣으면서, 자기가 가지고 있는 지위와 권력과 재산과 이권을 주님의 이름으로, 교회의 이름으로 보전하려고 합니다. 세상을 향한 봉사나 기독교 전체를 위한 안목 없이 교회의 유산을 자기 자식들에게 세습하는 일부 몰지각한 목사들의 행위를 보면서 어떻게 그것을 참된 종교라고 말할 수 있겠습니까. 파국이 와야 합니다. 망해야 합니다. 만약 그런 짓을 계속하는데도 교회가 유지되고, 교세가 확장된다면 그것은 기독교가 아닙니다.

이 지점에서 냉철하게 생각해야 할 것이 있습니다. 오늘날 우리 가운데서 일어난 일들을 보면서, 교회의 현실을 보면서 일종의 파국을 경험하게 됩니다. 그런데 이 파국은 우리를 망하게 하는 파국이 아닙니다. 이 파국을 지나서 무엇이 옵니다. 방금 읽은 것처럼 '새 것이 미처 태어나기 전 정신적·신체적 고뇌가 몰려오는 시간은 언제나 색다른 사회적 양식과 더 심오한 영적 통찰력을 낳는다.'

결국 우리 사회의 문제와 개인의 문제는 바라봄의 문제가 아니겠습니까. 성평등에 관한 문제는 남자가 여자를 바라보는 관점이 바뀌지 않는 이상 절대로 해결될 수 없는 문제입니다. 지역감정은 다른 지역의 사람들이 서로를 향해서 바라보는 시선이 바뀌지 않는 이상 해결될 수 없는 문제입니다. 그런데 그런 시선은 언제 바뀔까요? 파국을 경험하고 났을 때입니다.

그런 이유로 하나님이 유다에게 파국을 경험하게 하십니다. 바벨론에 포로로 잡혀가게 하십니다. 그래서 그들을 한층 더 깊어지게 하십니다. 그들의 시선이 더 넓어지게 하십니다. 자민족 중심주의, 잘못된 민족주의에서 벗어나, 열방을 향한 하나님의 시선을 갖게 하십니다. 그렇게 하여 그들의 포로 생활을 의미 있게 하셨듯이, 하나님이 지금 이 시대에도 그렇게 일하십니다. 우리 가운데 역사하셔서, 우리의 시선을 깊어지게 하십니다. 종교가 아닌 참된 기독교 신앙이 무엇인지를 우리의 삶 가운데서 더 깊이 드러내실 것입니다.

우리 모두 그 길 위에 서 있습니다. 그러니 우리 안에 있는 우상을 제거하는 길로 나아갑시다. 우리의 욕망을 따라 무엇을 만들고, 높이 세우는 것이 능력이 아닙니다. 그리스도를 따라서 절제하고, 비우고, 내게 부여된 역할과 한계를 넘어 행동하지 않는 것이야말로 더 큰 하나님의 능력을 확인하는 길이라는 사실을 기억해야 합니다. 정죄하지 않는 것, 다른 이들에게 나의 욕망을 투영하지 않는 것, 자기중심성을 벗어나기 위해 노력하는 것, 나 혼자 사는 것이 아니라 타자가 있음을 아는 것, 나를 넘어선 진정한 전적 타자이신 주님이 계시고 나는 그 앞의 존재라는 사실을 인식하는 것, 이런 마음을 가지고 함께 살아가는 우리가 되기를 권면합니다.

기도

하나님, 인류 역사가 시작된 이래로, 구약의 이스라엘 역사를 포함하여 모든 역사에서 교회는 언제나 하나님의 영광이고 자랑인 동시에 하나님의 질책과 선지자들의 비난을 가장 먼저 받았습니다. 또한 교회 안에는 세상보다 더 세속적이고, 세상보다 더 음란하며, 세상보다 더 하나님을 거부하는 모습이 있음을 알고 있습니다. 우리 세대라고 해서 다르지 않습니다.

그러나 주님, 우리 안에 있는 이 악한 습속들, 하나님보다 나의 욕망과 열심과 소망을 중심에 놓는 태도들, 거짓된 우상을 섬기는 마음들에 대해 주께서 말씀으로 지적하시니 감사합니다. 주여, 우리가 그렇게 말씀하시는 주님을 바라보며 우리는 죄인이고 할 수 있는 일이 아무것도 없음을 고백합니다. 주 예수여, 우리를 불쌍히 여겨 주옵소서. 이런 우리의 탄원과 간구를 기억하여 주옵소서. 이런 요청을 할 수 있는 은혜의 자리로 우리를 이끌어 주옵소서. 주여, 주의 성령께서 우리 모두의 마음을 붙들어 주옵소서. 우리의 구주이신 예수 그리스도의 이름으로 기도합니다. 아멘.

07

심으신 나무, 돌보시는 양

서정걸

11 여호와의 말씀이 또 내게 임하여 이르시되 12 너는 반역하는 족속에게 묻기를 너희가 이 비유를 깨닫지 못하겠느냐 하고 그들에게 말하기를 바벨론 왕이 예루살렘에 이르러 왕과 고관을 사로잡아 바벨론 자기에게로 끌어 가고 13 그 왕족 중에서 하나를 택하여 언약을 세우고 그에게 맹세하게 하고 또 그 땅의 능한 자들을 옮겨 갔나니 14 이는 나라를 낮추어 스스로 서지 못하고 그 언약을 지켜야 능히 서게 하려 하였음이거늘 15 그가 사절을 애굽에 보내 말과 군대를 구함으로 바벨론 왕을 배반하였으니 형통하겠느냐 이런 일을 행한 자가 피하겠느냐 언약을 배반하고야 피하겠느냐 16 주 여호와의 말씀이니라 내가 나의 삶을 두고 맹세하노니 바벨론 왕이 그를 왕으로 세웠거늘 그가 맹세를 저버리고 언약을 배반하였은즉 그 왕이 거주하는 곳 바벨론에서 왕과 함께 있다가 죽을 것이라 17 대적이 토성을 쌓고 사다리를 세우고 많은 사람을 멸절하려 할 때에 바로가 그 큰 군대와 많은 무리로도 그 전쟁에 그를 도와 주지 못하리라 18 그가 이미 손을 내밀어 언약하였거늘 맹세를 업신여겨 언약을 배반하고 이 모든 일을 행하였으니 피하지 못하리라 19 그러므로 주 여호와의 말씀이니라 내가 나의 삶을 두고 맹세하노니 그가 내 맹세를 업신여기고 내 언약을 배반하였은즉 내가 그 죄를 그 머리에 돌리되 20 그 위에 내 그물을 치며 내 올무에 걸리게 하여 끌고 바벨론으로 가서 나를 반역한 그 반역을 거기에서 심판할지며 21 그 모든 군대에서 도망한 자들은 다 칼에 엎드러질 것이요 그 남은 자는 사방으로 흩어지리니 나 여호와가 이것을 말한 줄을 너희가 알리라 (겔 17:11-21)

큰 독수리 사이 포도나무

본문은 17장 앞부분에서 하나님이 베푸신 수수께끼와 비유를 해석해 주시는 말씀입니다. 수수께끼와 비유의 내용은 3절부터 10절까지에 나와 있는데 내용은 이렇습니다. 색깔이 화려하고 날개가 크고 깃이 길고 털이 숱한 큰 독수리 한 마리가 레바논 백향목의 높은 가지를 꺾어 갈대아에 두고, 옥토에 종자 하나를 심습니다. 큰 물가에 심긴 그 종자는 곧 '높지 않은' 포도나무가 됩니다. 높지 않다는 것은 순종적인, 말을 잘 듣는 존재라는 뜻입니다. 크고 화려한 독수리에 의해 큰 물가 옥토에 심긴 포도나무는 또 다른 크고 털이 많은 독수리에게로 뿌리와 가지를 뻗습니다. 처음 등장한 크고 화려한 독수리가 이 포도나무를 심은 이유가 8절에 나옵니다. "그 포도나무를 큰 물 가 옥토에 심은 것은 가지를 내고 열매를 맺어서 아름다운 포도나무를 이루게 하려 하였음이라." 그런데 그 독수리가 심어 자라게 한 이 포도나무가 은밀히 다른 독수리에게로 손을 뻗치는 것입니다.

이는 이스라엘의 현재 모습을 비유적으로 묘사한 것입니다. 9절에서 하나님이 말씀하십니다. "너는 이르기를 주 여호와의 말씀에 그 나무가 능히 번성하겠느냐 이 독수리가 어찌 그 뿌리를 빼고 열매를 따며 그 나무가 시들게 하지 아니하겠으며 그 연한 잎사귀가 마르게 하지 아니하겠느냐 많은 백성이나 강한 팔이 아니라도 그 뿌리를 뽑으리라." 이 나무는 연약한 나무입니다. 처음 꺾어 간 백향목 나무 꼭대기 끝 가지는 느부갓네살 왕에 의해 바벨론에 사로잡혀 간 여호야긴 왕을 가리킵니다. 느부갓네살 왕은 여호야긴을 사로잡아 가고 대신 시드기야를 유다의 왕으로 세웁니다. 독수리가 심어 포도나무가 된 종자는 바로 시드기야를 가리킵니다. 그런데 크고 화려한 독수리인 바벨론에 의해 왕위에 오른 시드기야가 또 다른 큰 독수리인 애굽과 은밀하게 손을 잡습니다. 이런 정치적 정황 속에서 하나님이 이스라엘을 책망하시는 말씀이 이번 장의 본문 말씀입니다.

유다 왕국 말기의 복잡한 국제 정세를 잠시 살펴봅시다. 유다 왕국의 국력은 요시야 왕 이후로 급속히 쇠퇴합니다. 요시야가 애굽의 왕 바로느고와 싸우다가 전사하자 뒤를 이어 여호아하스가 왕이 되었으나 석 달 만에 바로느고에 의해 폐위되어 애굽으로 끌려갑니다. 바로느고는 여호야김을 유다의 왕으로 세워 유다 왕국을 애굽의 영향력 아래 두고자 했으나 곧 바벨론의 느부갓네살 왕이 가나안 땅 일대를 장악하여 유다는 바벨론을 섬기게 됩니다. 애초에 애굽에 의해 왕위를 얻었던 여호야김은 바벨론의 왕 느부갓네살에게 충성을 맹세하고 왕권을 유지했으나 3년간 바벨론을 섬기다가 배신하고 다시 애굽과 연합하여 바벨론에 맞섭니다. 이를 괘씸히 여긴 바벨론이 예루살렘을 포위하고 있을 때, 여호야김이 죽고 아들 여호야긴이 왕이 되지만 느부갓네살 왕이 여호야긴을 바벨론에 사로잡아 가고 시드기야를 유다의 왕으로 세웁니다.

17장에 나온 비유에서 말하는, 화려한 독수리가 심은 포도나무가 바로 시드기야 왕을 상징합니다. 그는 바벨론을 향하여 충성을 맹세하고 약조하여 왕위에 오른 사람입니다. 그런데 왕권이 안정되자 바벨론에 바치는 조공이 과하다는 이유로 애굽과 은밀히 밀약을 맺어 바벨론을 배신합니다. 그래서 결국 기원전 586년에 바벨론의 대대적 침공으로 예루살렘이 무너지고 유다 왕국이 멸망하게 됩니다. 아직 그 일이 일어나기 전에 하나님이 비유를 베풀어 유다 왕국의 운명을 말씀하고 계십니다.

이 비유 속에서 유다 왕국은 큰 독수리들의 노략물과도 같은 처지입니다. 독수리는 힘이 세기에 나뭇가지를 꺾어 갈 수도 있고 자기가 원하는 곳에 심을 수도 있는 존재입니다. 첫 번째로 나오는 화려하고 크고 힘센 독수리는 바벨론을 상징하고, 다음에 등장하는 크고 털이 많은 독수리는 애굽을 상징합니다. 반면에 이스라엘은 이 독수리들에 의해 좌지우지되는 연약한 존재로 비유됩니다. 어쩌다 하나님의 나라인 이스라엘이 바벨론과 애굽에 이리저리 휘둘리는 수동적 존재가 되었는지 서글픕니다.

이스라엘과 그 왕은 레바논의 백향목이나 포도나무로 묘사되어 있습니다. 어떤 나무인가 하는 문제는 차치하고 나무, 즉 식물은 독수리와는 참 다른 존재입니다. 독수리는 마음껏 날아오르고 나뭇가지를 꺾을 수도 심을 수도 있는 힘 있고 능동적인 존재이지만, 나무는 뿌리 내린 곳에서 자라 열매를 맺는 것 외에는 별다른 능력이 없는 수동적 존재입니다. 우리는 나무에 가깝습니까, 독수리에 가깝습니까. 우리 대부분은 독수리보다는 나무의 처지에 감정이 더 이입되는 형편에 놓여 있을 것입니다. 독보적인 존재감을 갖추고 많은 사람의 인정을 받으며 사는 화려한 삶을 꿈꾸지만, 현실은 다릅니다. 나 하나쯤 없어져도 세상은 여전히 잘 돌아갈 것 같습니다. 그저 그런 존재감으로 하루하루를 살아가는 우리의 처지는 이스라엘의 모습과 닮아 있어서 그들이 바벨론에 치이고 애굽에 치이고, 바벨론을 계속 섬기자니 짐이 너무 무겁고 애굽에 줄을 대니 바벨론이 쳐들어와 그들을 다 죽이고 뿌리 뽑아 시들게 하는 모습을 보며 한심하다는 듯 마냥 혀를 차고 있을 수가 없습니다. 이렇게 세상 속에 매인 존재, 다른 이들의 처분에 내맡겨진 존재가 우리의 모습인 것 같습니다.

고립된 평안은 없다

이스라엘은 신흥 강호 바벨론과 전통의 강호 애굽 사이에서 외교라는 것을 하지 않을 수 없는 상황입니다. 스스로를 지키기 위한 국력이 충분치 않으니 주변국들을 최대한 이용하여 안전을 확보하고 국력을 회복할 기회를 엿보아야 마땅합니다. 당장은 무시무시한 독수리들 틈에서 눈치껏 납작 엎드려 처신하는 포도나무 신세지만 언젠가 다시 다윗과 솔로몬의 영화를 회복하여 군림하는 독수리가 되리라는 꿈을 가지고 있습니다. 적어도 한 나라를 다스리는 왕으로서 이 정도의 배포는 있어야 마땅한 것 아닐까요.

한 나라를 통치하려면 군사력을 갖추고 외교도 할 줄 알아야 합니다. 세상은 힘의 논리가 지배하는 곳이니 스스로 압도적인 힘을 갖추거나 그게 아니라면 주변국들과의 외교를 통하여 힘의 균형을 맞춰야 살아남을 수 있습니다. 그런데 이스라엘이라는 나라는 군사력과 외교력에만 의지할 수 없다는 어려운 점이 있습니다. 국제 관계 속에 자리하고 있는 하나의 국가이기에 정치력, 외교력, 군사력을 갖추는 것이 마땅하지만, 동시에 하나님의 교회, 언약 공동체이기 때문에 신자로서의 정체성을 지키는 일, 하나님만을 섬기고 그 백성답게 신실하게 살아야 하는 일이 요구됩니다. 그래서 당면한 현실적 문제를 정치 외교나 군사적으로 해결할 것인지, 신자로서 신앙적 관점에서 풀어 갈 것인지 갈피를 잡지 못하고 헤맵니다.

이는 비단 이스라엘만의 문제가 아니라 신앙생활을 하는 우리에게도 늘 마음에 부담이 되는 부분입니다. 하나님의 백성이라는 정체성을 분명히 인식하고 하나님이 나의 모든 쓸 것을 아시고 채우시니 하나님과 이웃을 사랑하겠다는 믿음과 다짐을 가지지만, 현실에서 우리는 자본주의 시장 경제 체제의 일원으로서 무한 경쟁 시스템 안에 자리하고 있습니다. 그래서 내가 원치 않는다고 해도 경쟁이라는 환경을 거부할 수가 없습니다. 취업 시장에서 스펙 경쟁을 피할 수 없으니 치열하게 준비해야 원하는 회사에 들어갈 수 있습니다. 대다수의 취준생이 소위 직원에 대한 처우가 좋은 대기업에 입사하기를 원할 테니, 내가 입사에 성공하면 다른 누구는 원하던 직장을 얻지 못하게 되는 것이 당연합니다. 그렇게 들어간 좋은 회사도 다른 회사들과 경쟁을 합니다. 취준생들끼리의 경쟁과는 비교가 되지 않는 노골적인 경쟁이 벌어집니다. 재화와 가치는 한정되어 있는데 오히려 욕망을 부추기는 문화 속에서 살아갑니다.

  우리는 이 시스템, 이 문화 속에서 하나님의 백성으로 부르심을 받았다는 사실을 인정해야 합니다. 무한 경쟁 시스템의 자본주의 사회 일원으로 살아기는 일을 거부할 수 없는 동시에 하나님의 백성, 신자로서의 삶도 요구받는 이중적 정체성을 갖게 됩니다. 하나님의 백성으로 살라는 말은 시민 사회의 일원으로 살지 말라거나 스스로 고립되어 세속의 때가 묻지 않은 고고한 존재가 되라는 뜻이 아닙니다. 하나님은 우리가 비판만을 일삼는 고립주의자가 되기를 원치 않으십니다. 우리는 세상 속으로 보냄을 받은 사람들입니다. 성자이신 예수께서 한 사람으로 이 세상 속 로마 제국이 다스리던 변방 이스라엘의 갈릴리 나사렛에, 그 지방의 문화와 유대 종교 시스템 안으로 들어오셔서 사셨던 것처럼, 우리도 이 세상에 속한 사람으로서 같은 문화권 속에 살아가는 주위의 이웃들과 문화적 사회적 정황을 공유하며 살 것을 요구받습니다.

그런데 열왕기서나 선지서를 보면, 하나님의 나라인 이스라엘이 하나님을 의지하지 않고 외세의 도움을 의지하여 책망을 받고, 그것이 심판의 이유로 제시되는 본문들을 많이 접할 수 있습니다. 이런 말씀들을 단순하게 적용하면 하나님은 일체의 인간적 수단, 즉 외교 행위나 군사력, 정치력을 용납하지 않으시고 하나님만을 의지하라고 하시는 것 같습니다. 정말 그렇다면 하나님은 이스라엘에게 일종의 고립주의를 요구하시는 것입니다. 이런 논리라면 하나님이 이스라엘을 가나안 땅에 두신 이유를 묻지 않을 수 없습니다.

외부와 단절된 고립 지대는 지구상에 얼마든지 많이 있습니다. 외부 세계가 어떻게 변해 가든지 아무런 영향도 받지 않은 채 삶의 방식과 문화를 고수하며 사는 사람들이 지금도 있습니다. 〈아마존의 눈물〉 같은 다큐멘터리를 보면 턱에 구멍을 뚫어 나무를 끼우고 옷을 벗고 사는 고립된 부족이 나옵니다. 고립되어 있으니 시대적 문화적 변화의 영향을 받지 않고 조상 때부터 살아왔던 방식을 그대로 고수하며 살아갑니다. 만일 이스라엘이 오염되지 않고 외부의 영향으로부터 일절 자유롭기를 바라셨다면 하나님은 그들을 아마존 밀림 한가운데나 티벳의 고원 같은 곳에 두셨을 것입니다. 그러나 하나님이 이스라엘 백성들에게 주신 가나안 땅은 지구상에서 가장 오래된 두 문명이 끊임없이 영향을 주고받으며 경쟁을 벌였던 지역이었고, 두 문명 사이의 교역로에 자리하고 있었습니다. 북동쪽의 메소포타미아 문명이 강하면 그 영향력을 가나안까지 확장해 들어오고 남쪽의 애굽이 강하면 애굽이 가나안을 다스립니다. 하지만 반대로 이스라엘이 영향력을 끼칠 수 있다면 애굽과 메소포타미아에 권한을 행사할 수 있는 지역이기도 합니다.

이 지역은 애초에 단절이나 고립이 불가능한 지역입니다. 하나님은 무엇을 위하여 가나안 땅에 당신의 백성을 심으셨을까요. 이스라엘을 가나안 땅에 세우신 목적은 하나님을 모르는 사람들에게 하나님의 백성으로 사는 것이 어떤 것이며, 하나님은 어떤 분이신가를 증언하도록 하기 위함입니다. 증언이란 들을 사람을 전제로 하는 행위이고, 고립된 사람은 할 수 없는 일입니다.

우리에게 주어진 오늘

하나님은 인류에게 하나님의 통치를 받아 누리며 사는 삶을 보여 주시기 위하여 그 오래된 두 문명, 많은 사람이 모여 살기 시작한 땅에 이스라엘 백성들을 심으십니다. 그들과 같은 환경, 같은 조건, 같은 문화를 공유하는 민족으로 세우시고 하나님을 증언하게 하십니다. 그래서 이스라엘은 가장 오래된 두 문명이 각각 나름의 세계관을 구축하고 힘과 문명, 기술로 경쟁하는 틈바

구니에서 하나님의 백성으로 살아가는 길, 참 생명의 길, 사랑으로 사는 길이 있음을 보여 주는 존재로 부름을 받았습니다. 신명기 4장을 보겠습니다.

> 5 내가 나의 하나님 여호와께서 명령하신 대로 규례와 법도를 너희에게 가르쳤나니 이는 너희가 들어가서 기업으로 차지할 땅에서 그대로 행하게 하려 함인즉 6 너희는 지켜 행하라 이것이 여러 민족 앞에서 너희의 지혜요 너희의 지식이라 그들이 이 모든 규례를 듣고 이르기를 이 큰 나라 사람은 과연 지혜와 지식이 있는 백성이로다 하리라 7 우리 하나님 여호와께서 우리가 그에게 기도할 때마다 우리에게 가까이 하심과 같이 그 신이 가까이 함을 얻은 큰 나라가 어디 있느냐 8 오늘 내가 너희에게 선포하는 이 율법과 같이 그 규례와 법도가 공의로운 큰 나라가 어디 있느냐 (신 4:5-8)

하나님이 이스라엘에게 가나안 땅을 주시는 이유는 하나님을 모르는 여러 민족에게 참된 지혜와 진정한 공의의 길을 이스라엘을 통하여 보여 주기 위함이라고 하십니다. 그런데 이 말씀 바로 앞에는 반대로 이스라엘 백성들이 주변의 미디안 사람들로부터 영향을 받아 바알브올을 섬겼다가 심판을 받은 사건을 상기시켜 주는 말씀이 나옵니다. 바알브올을 섬기던 사람들이 어떻게 되었는지 생각해 보라고 하십니다. 그들은 모두 멸망했습니다. 여호와께 붙어서 떠나지 않은 사람들만이 살았습니다. 무엇이 이스라엘을 살게 하는가에 대한 도전이었고 참으로 분명한 결과를 보여 주셨습니다.

바알은 기후의 신이고, 농경 사회에서 좋은 기후는 풍요를 가져다줍니다. 그러니 바알의 또 다른 이름은 풍요의 신입니다. 우리 시대의 언어로는 소득의 신, 혹은 연봉의 신, 자산의 신이라고 할 수 있습니다. 좋은 신입니다. 그러나 이스라엘은 부유함으로, 고소득으로 사는 존재가 아닙니다. 하나님은 모세를 통하여 이스라엘에게 바알을 의지하다가 죽은 사람들을 떠올림으로써 긴장하라고 경고하십니다. 가나안은 바알이 많은 땅이기에 바알, 즉 풍요를 추구하는 유혹이 많은 땅이지만, 하나님은 이스라엘에게 당신이 주신 율법과 법도를 충실히 따르면 영화로운 민족이 될 것이라고 약속하십니다. 그렇게 되면 많은 민족이 이스라엘 백성들을 위대하고 지혜로운 민족이라고 하며 존경할 것이고 이스라엘의 하나님을 위대하신 하나님으로 고백하게 될 것입니다.

이것이 이스라엘에게 가나안 땅을 주시고, 거기에 나라를 세우게 하시는 하나님의 목적, 비전(vision)입니다. '비전'이란 단어는 이렇게 써야 하는 단어입니다. 하나님만이 미래를 아시고, 미래를 지금으로 가지시며, 미래에 지금 계시기 때문에 하나님만이 비전을 갖습니다. 미래를 위한 계획을 하지 말라는 뜻이 아닙니다. 우리의 한계를 인정하자는 말입니다. 우리는 미래를 모릅니다. 오늘을 살 뿐입니다. 주어진 오늘, 눈떠서 맞이하는 현실만을 삽니다.

그래서 주님은 "오늘 우리에게 일용할 양식을 주시옵고"(마 6:11)라는 기도를 가르쳐 주셨습니다. 또 이렇게도 말씀하셨습니다. "그런즉 너희는 먼저 그의 나라와 그의 의를 구하라 그리하면 이 모든 것을 너희에게 더하시리라"(마 6:33). 이 모든 것을 더하신다는 약속은 얼마큼일까요. 하루만큼, 오늘만큼입니다. 언제나 '지금' 계시는 하나님이 안 계시는 날은 없기에 우리는 내일을 염려할 필요가 없습니다. 매일매일 나가오는 그 오늘에 하나님이 우리 아버지로 함께하십니다. 그러므로 염려하지 말고 오늘 그 자리에서 하나님의 백성으로 살라고 하십니다.

그리고 말씀이 한 절 더 이어집니다. "그러므로 내일 일을 위하여 염려하지 말라 내일 일은 내일이 염려할 것이요 한 날의 괴로움은 그 날로 족하니라"(마 6:34). 하루하루를 살아 내기란 쉽지 않습니다. 부유해도 권력을 가져도 하루를 사는 몫의 어려움은 면제받을 수 없습니다. 가진 것이 아무리 많아도 내일과 미래를 보장받을 수 없습니다. 주님은 하나님 나라의 백성들에게 내일은 하나님에게 맡기고 오늘 하루를 하나님의 백성으로 살기 위하여 힘쓰라고 권면합니다.

그러나 우리는 끊임없이 내일을 보장받고 싶어 합니다. 미래를 가지려 합니다. 평생 일할 직업, 평생 쓸 돈, 평생 살 집, 평생을 맡길 배우자를 원합니다. 더 높은 곳을 바라보며 힘을 가지려고 애쓰는 이유가 무엇입니까. 높은 곳에 이르면, 힘을 가지면 아직 보이지 않는 내일이 조금은 안심이 되기 때문입니다. 세상은 힘과 부를 가지면 미래가 보장되는 것처럼 이야기하지만 그것이 거짓말이라는 것을 모두 다 알고 있습니다.

성경은 우리에게 이와는 다른 이야기를 전해 줍니다. 누가복음 1장에 나오는 마리아의 노래를 살펴보겠습니다.

46 마리아가 이르되 내 영혼이 주를 찬양하며 47 내 마음이 하나님 내 구주를 기뻐하였음은 48 그의 여종의 비천함을 돌보셨음이라 보라 이제 후로는 만세에 나를 복이 있다 일컬으리로다 49 능하신 이가 큰 일을 내게 행하셨으니 그 이름이 거룩하시며 50 긍휼하심이 두려워하는 자에게 대대로 이르는도다 51 그의 팔로 힘을 보이사 마음의 생각이 교만한 자들을 흩으셨고 52 권세 있는 자를 그 위에서 내리치셨으며 비천한 자를 높이셨고 53 주리는 자를 좋은 것으로 배불리셨으며 부자는 빈 손으로 보내셨도다 54 그 종 이스라엘을 도우사 긍휼히 여기시고 기억하시되 55 우리 조상에게 말씀하신 것과 같이 아브라함과 그 자손에게 영원히 하시리로다 하니라 (눅 1:46-55)

마리아는 어느 날 갑자기 찾아오신 하나님의 천사로부터 아들을 낳게 되리라는 말씀을 듣습니다. 천사 가브리엘이 '지극히 높으신 이의 능력이 너를 덮으시리니 네가 하나님의 아들을 낳게 되리라' 하고 소식을 전했을 때 마리아는 무슨 생각을 했을까요. 걱정과 불안한 마음이 앞섰을 것입니다. 그러나 마리아는 '주의 여종이오니 말씀대로 내게 이루어지이다' 하고 대답합니다. '나는 주의 백성입니다. 나를 주의 백성으로 허락하신 오늘, 주께서 찾아오신 오늘, 그 오늘이 내게는 두렵고 떨리지만 주께서 주신 오늘이니 주를 의지하여 주의 백성으로 살아 보겠습니다.' 마리아가 그렇게 응답합니다.

사무엘상 2장에 나오는 한나의 노래도 함께 보기를 권합니다.

이들은 높이고 낮추는 권세가 하나님의 것이라고 한목소리로 노래하며 하나님에게 주권이 있음을 선포합니다. 이들에게 현실은 세상에서 일어나는 알 수 없는 우연한 일들의 집합체가 아니라 선하신 하나님의 의지가 관철되는 현장으로 이해됩니다. 하나님이 만유의 주이시며 이 세상에서 그 주권을 행사하신다는 성경의 가장 중요한 주제가 두 여인의 입에서 증언되었고 말씀으로 기록되어 전해집니다.

에스겔 본문으로 돌아와서 하나님이 무엇을 힐난하시는지 봅시다. 하나님은 백성들에게 바벨론과 언약을 맺었으니 바벨론을 잘 섬겼어야 했다고 말씀하는 것이 아닙니다. 바벨론과 맺은 언약을 저버린 대가가 이러한데 만군의 주인 나 여호와와 맺은 언약을 저버리면 어떻게 되겠느냐는 책망입니다. 언약에 불충실한 결과를 똑똑히 보라는 말씀입니다. 이 모든 일이 단지 국제 정치의 역학 관계 차원에서 일어난 일이 아니라 하나님과의 관계를 저버린 대가임을 일깨우십니다. 그 사실을 분명히 확인시키기 위하여 나라가 망하고 언약이 파기된 것 같은 심판을 허락하십니다.

19 그러므로 주 여호와의 말씀이니라 내가 나의 삶을 두고 맹세하노니 그가 내 맹세를 업신여기고 내 언약을 배반하였은즉 내가 그 죄를 그 머리에 돌리되 20 그 위에 내 그물을 치며 내 올무에 걸리게 하여 끌고 바벨론으로 가서 나를 반역한 그 반역을 거기에서 심판할지며 21 그 모든 군대에서 도망한 자들은 다 칼에 엎드러질 것이요 그 남은 자는 사방으로 흩어지리니 나 여호와가 이것을 말한 줄을

너희가 알리라 (겔 17 : 19-21)

얼마나 비참한 결말입니까. "이 모든 일을 겪고 나면, 나 여호와가 이것을 말한 줄을 알아먹어라!" 이렇게 말씀하십니다. 하나님의 분노를 어떻게 이해해야 할까요. 문제의 본질을 볼 줄 모르고 이리 기웃 저리 기웃하며 힘을 좇아 살아가는 못난 백성을 향한 안타까움으로 읽어 내야 합니다. 문제의 본질은 이스라엘이 하나님과 맺은 언약에 있습니다. 바벨론과 애굽 사이의 역학 관계, 또는 유다 왕국 자체의 국력에 관한 문제가 아니었습니다. 말씀은 여기서 그치지 않고 계속 이어집니다.

22 주 여호와께서 이같이 말씀하시되 내가 백향목 꼭대기에서 높은 가지를 꺾어다가 심으리라 내가 그 높은 새 가지 끝에서 연한 가지를 꺾어 높고 우뚝 솟은 산에 심되 23 이스라엘 높은 산에 심으리니 그 가지가 무성하고 열매를 맺어서 아름다운 백향목이 될 것이요 각종 새가 그 아래에 깃들이며 그 가지 그늘에 살리라 24 들의 모든 나무가 나 여호와는 높은 나무를 낮추고 낮은 나무를 높이며 푸른 나무를 말리고 마른 나무를 무성하게 하는 줄 알리라 나 여호와는 말하고 이루느니라 하라 (겔 17 : 22-24)

본문 말씀을 애타는 아버지의 음성으로 들을 줄 알아야 합니다. 죽는 길로 내달리는 자녀를 향하여 돌이키라는 아버지의 외침으로 들어야 합니다. 자녀가 돌이켜 살 수 있도록 때로는 간절히 설득하고, 때로는 분노로 일갈하기도 하는 아버지의 음성으로

들을 수 있어야 합니다.

높은 나무를 낮추고 낮은 나무를 높이며, 푸른 나무를 말리고 마른 나무를 무성하게 하는 하나님이라고 하십니다. 이 말씀은 진정한 권력자이신 하나님에게 잘 보여야 한다는 협박이 아닙니다. 높아도 되고 낮아도 된다는 뜻입니다. 높은 자리에 올라 미래를 다 확보한 것처럼 교만하지 말고, 낮은 자리에 이르렀을 때 끝났다고 절망하지 말라는 의미입니다. 하나님이 얼마든지 낮추기도 하시고 높이기도 하시니 높고 낮음을 전부로 삼지 말라는 말씀입니다.

기억해야 할 대전제

사실 우리의 관심사는 계속 여기에 매여 있습니다. 더 높은 자리를 차지하고, 더 많은 경쟁력을 갖추고, 더 매력적인 사람으로 인정받는 일들이 우리 삶의 주된 관심사입니다. 그런데 하나님은 우리가 높은 데 있든지 낮은 데 있든지 어디에서든지 하나님의 백성답게 살 이유와 영광이 있다고 도전하십니다. 포로로 사로잡혀 흙바닥에 살아도 괜찮다고 하십니다. 하나님은 실제로 유대인들을 포로 생활에서 회복하셨고, 우리를 사망의 포로 된 자리에서 일으키셨습니다. '허물과 죄로 죽었던 너희를 살리셨도다'(엡 2:1). 성경이 말하는 바입니다.

"거짓 선지자들을 삼가라 양의 옷을 입고 너희에게 나아오나 속에는 노략질하는 이리라"(마 7:15)라는 말씀이 있습니다. 그들은 양처럼 보이지만 사실 이리입니다. 양과 이리의 차이는 무엇입니까. 양은 목자가 있어 인도함을 받고 이리는 자기 힘으로 약탈하며 살아갑니다. 양은 목자가 책임지는데 이리는 스스로 책임져야 합니다.

이리는 본문 말씀에서 독수리와 같습니다. 독수리와 나무, 곧 이리와 양의 대조입니다. 우리는 사실 독수리가 되고 싶고 이리가 되고 싶습니다. 그런데 성경은 우리를 나무라 하고 양이라 합니다. 하나님이 심으셨고 하나님이 기르신다고 말씀합니다. 목자 없는 양은 이리의 먹이일 뿐입니다. 그러나 목자가 있다면 양은 안전합니다. 목자 되신 하나님이 양들에게 두려워 말라고, 내가 이끄는 곳으로 가자고 말씀하십니다. 시편 23편은 "여호와는 나의 목자시니 내게 부족함이 없으리로다"로 시작하지만, 그렇다고 좋은 곳으로만 가지 않습니다. 때로는 사망의 음침한 골짜기를 지나기도 합니다. 이유 없이 그 길을 가는 것이 아닙니다. 하나님이 우리에게 벌을 주려고 지나게 하시는 길도 아닙니다. 푸른 풀밭, 쉴 만한 물가로 가기 위하여 지나는 길입니다. 그리고 그 길에 여호와께서 목자 되셔서 우리를 인도하십니다.

본문 말씀을 마음에 새기면 좋겠습니다. 마리아의 노래, 한나의 노래, 그리고 에스겔 17장의 마지막 구절들, 푸른 나무를 시들게도 하시고 시든 나무를 푸르게도 하시며, 높은 나무를 낮게도 하시고 낮은 나무를 높게도 하시는 하나님을 기억하며 살기를 바랍니다. 높든지 낮든지 시들든지 푸르든지, 어느 모양으로 어디에 있든지 하나님의 백성으로 살 이유와 영광이 있음을 알고 하나님의 백성으로 살기로 하는 것, 그것이 하나님이 우리에게 원하시는 것입니다.

이스라엘 백성이 낮은 자리에 처했을 때, 외교적으로 위기에 몰렸을 때 하나님은 외교적 해결책을 갖추려는 그들의 행위 자체를 책망하시는 것이 아니었습니다. 그들의 중심에 하나님에 대한 신뢰가 없었기 때문에, 하나님이 누구신지 아는 참된 힘을 가르치기 위하여, 그들이 의지하는 것들을 꺾으신 것입니다. 그렇게 망하는 길까지 허락하여 그들로 보고 배우게 하신 것입니다.

그러니 우리도 매일매일 닥치는 오늘을 통해 배워야 합니다. 우리 인생에 찾아오는 어려움, 고난과 도전 속에서 대전제를 무너뜨리지 않고 살아가야 합니다. 대전제란 하나님이 계신다는 것, 하나님이 우리의 목자 되셔서 지금도 우리를 인도하고 계시며 우리와 함께하신다는 사실입니다. 이 사실을 외면하지 말아야 합니다. 이 대전제가 의심스러운 형편에 처하게 될지라도 낮은 자리, 사망의 음침한 골짜기에서도 함께하시는 하나님을 경험할 수 있기를 기도하며 견뎌 내야 합니다. 그런 경험들을 통해 하나님을 더 깊이 알고 배우기를 원하고, 하나님을 깊이 아는 것이 우리가 소원하는 그 어떤 가치보다 비교할 수 없이 귀한 것임을 깨닫게 되기를 바랍니다. 하나님이 허락하시고 인도하시는 오늘을 잘 받아 살고 누리는 우리가 되면 좋겠습니다.

기도

하나님 아버지, 감사합니다. 하나님께서 오늘도 우리에게 말씀으로 도전하십니다. 세상은 끊임없이 우리에게 가져야 된다고, 높아져야 된다고, 힘이 있어야 된다고 이야기하지만, 하나님은 그런 것은 별문제가 아니라고, 나를 붙들어야 된다고, 내 음성을 들어야 한다고, 나와 함께해야 한다고 우리를 일깨우십니다. 우리가 그 말씀을 귀 기울여 듣고, 그 말씀에 청종하는 주의 복된 양들이 되기를 원합니다. 또한 주께서 우리를 그렇게 인도하여 주실 줄 믿습니다. 예수님의 이름으로 기도합니다. 아멘.

08

여전히 열려 있는 문

강선

1 또 여호와의 말씀이 내게 임하여 이르시되 2 너희가 이스라엘 땅에 관한 속담에 이르기를 아버지가 신 포도를 먹었으므로 그의 아들의 이가 시다고 함은 어찌 됨이냐 3 주 여호와의 말씀이니라 내가 나의 삶을 두고 맹세하노니 너희가 이스라엘 가운데에서 다시는 이 속담을 쓰지 못하게 되리라 4 모든 영혼이 다 내게 속한지라 아버지의 영혼이 내게 속함 같이 그의 아들의 영혼도 내게 속하였나니 범죄하는 그 영혼은 죽으리라 (겔 18:1-4)

한 속담

에스겔서 18장은 "또 여호와의 말씀이 내게 임하여 이르시되"라는 구절로 시작해서 한 장 전체가 하나님의 말씀으로 채워져 있습니다. 하나님은 한 속담을 인용하는 것으로 말씀을 시작하십니다. 이스라엘 사람들 사이에 흔히 오가는 속담이 하나 있었던 모양입니다. '아버지가 신 포도를 먹었으므로 그의 아들의 이가 시다.'

포도를 먹은 것은 아버지인데 아들의 이가 시다고 합니다. 아버지가 신 포도를 먹었으면 아버지의 이가 셔야 하는데, 아들의 이가 시답니다. 무슨 말일까요. 아버지가 행한 일의 결과를 아들이 받는다는 것입니다.

우리도 비슷한 생각을 할 때가 있습니다. 일이 뜻대로 안될 때면 흔히 쓰는 '못 되면 조상 탓'이라는 속담이 그런 것입니다. 살면서 유독 조상 때부터의 사연이 무겁게 느껴질 때가 있습니다. '우리는 원래 이런 피여서, 뭘 해도 안돼.' 자식을 결혼시킬 때, 부모가 상대의 집안이 어떠한가 묻는 것도 과거의 무게를 느끼기 때문일 것입니다.

아버지가 한 일의 결과를 아들이 받는다는 속담의 구체적인 예가 이어집니다. 4절의 '범죄하는 그 영혼은 죽으리라'라는 언급을 볼 때, 여기서 문제 삼고 있는 것이 죄와 그 벌인 죽음이라는 것을 알 수 있습니다. 그러니 속담의 속뜻은 아버지가 죄를 지었는데, 아들이 벌을 받아 죽는다는 것입니다.

이 속담에 대해 하나님은 '다시는 이 속담을 쓰지 못하게 되리라'(겔 18:3)라고 하십니다. 하나님은 이런 생각에 동의하지 않으십니다. 우리도 실감하는 일인데, 하나님은 유독 거부하시고 있습니다. 그 이유가 무엇일까요.

14 모든 영혼이 다 내게 속한지라 아버지의 영혼이 내게 속함 같이 그의 아들의 영혼도 내게 속하였나니 범죄하는 그 영혼은 죽으리라 (겔 18:4)

누구나 다 하나님의 것이어서, 하나님에게 같은 대우를 받습니다. 범죄한 영혼은 죽습니다. 모든 영혼이 다 하나님에게 속하였으니, 누구도 죄를 짓고 벌을 받지 않은 채 빠져나갈 수 없습니다. 하나님은 누구나 똑같이 대우하시니, 모두에게 각각 응분의 대가가 주어질 것입니다. 그러니 속담이 말하듯, '죄지은 사람 따로, 벌 받는 사람 따로'가 아닙니다.

하나님이 이런 이야기를 꺼내시는 이유는 무엇일까요. 이런 말이 속담이 될 정도로 사람들 가운데 퍼진 것은 그들에게 질문이 있었기 때문입니다. 살면서 늘 부딪히는 질문이 이스라엘 사람들에게도 있었습니다. '우리가 사는 꼴은 왜 이 모양인가. 이래서야 우리에게 무슨 밝은 미래 같은 게 있을까.' 이런 질문에 부딪히면, 그 이유를 찾고 싶기 마련입니다.

이스라엘 사람들도 자기들 처지가 그렇게 된 이유를 찾았을 것입니다. 특히 선지자를 통해 이 말씀을 듣고 있는 사람들은 바벨론에 잡혀 온 포로들입니다. 우리도 안 좋은 일이 생길 때면 '왜 나에게 이런 일이 생긴 걸까' 하며 그 이유나 원인을 따져 보곤 합니다. 이들은 더했을 것입니다. 포로가 되어 앞이 보이지 않는 어둠에 처한 인생이 억울했을 것입니다.

이들은 자기들의 삶을 긍정하기가 쉽지 않았을 것입니다. 조상들은 당하지 않았던 불행이 이들에게 덮쳤습니다. 이스라엘이 범죄하여 여기 끌려온 것이라고 선지자가 내내 말하지 않았습니까. 그뿐 아니라 더 큰 심판이 있다고 예고까지 한 마당입니다.

이 낯선 땅에서 사람들은 물었을 것입니다. '우리가 왜 여기에 와 있는가.' 에스겔을 비롯하여, 인생을 제대로 펼쳐 볼 기회조차 박탈당한 채 이들이 여기까지 끌려와야 할 이유가 무엇이었을까요. 각자의 삶을 아무리 돌아보아도 그럴듯한 이유를 찾기 어려웠을 것입니다. 전쟁 때 피난 가는 아이에게서 무슨 죄를 찾겠습니까.

그들은 부모들의 죄가 참으로 컸음을 실감했을 것입니다. 죄가 얼마나 컸으면, 나라까지 빼앗긴 채 먼 곳으로 끌려와 앞이 보이지 않는 삶을 시작하게 된 것일까요. 부모와 조상의 죄가 이리도 크니, 더 살아 봐야 무슨 기쁨이 오겠는가 싶었을 것입니다. 앞으로의 인생에는 부모의 죗값을 고스란히 치르는 일밖에 남은 것이 없습니다.

이런 생각에 대해 하나님이 말씀하시고 있는 것입니다. '너희는 더는 그 속담을 쓰지 못할 것이다.' 눈앞의 현실은 그 속담으로 설명이 되는데 하나님은 왜 그 속담을 부인하실까요. 그 속담은 사실이 아니기 때문입니다.

하나님이 각 사람의 인생을 쥐고 계십니다. 그러니 누구도 자기 행동에 대한 대가를 피할 수 없습니다. 하나님이 각자의 인생을 소유하고 계시기 때문에, 누구도 단물만 쏙 빼먹고 껍데기만 다른 사람에게 넘길 수 없습니다.

더욱이 하나님은 누구도 편애하지 않으십니다. 어느 누구도 마음대로 죄짓고 벌은 그 자식들이 받게 할 수 없습니다. 하나님이 그렇게 하도록 내버려 두지 않으십니다. 그 사람이 받을 벌을 다른 이에게 돌리지 않는다는 말씀이 그것입니다.

사례 연구

이 점을 더 소상히 말씀하시기 위해서 일종의 사례 연구가 이어집니다. 삼대에 걸친 이야기입니다.

> 5 사람이 만일 의로워서 정의와 공의를 따라 행하며 6 산 위에서 제물을 먹지 아니하며 이스라엘 족속의 우상에게 눈을 들지 아니하며 이웃의 아내를 더럽히지 아니하며 월경 중에 있는 여인을 가까이 하지 아니하며 7 사람을 학대하지 아니하며 빚진 자의 저당물을 돌려 주며 강탈하지 아니하며 주린 자에게 음식물을 주며 벗은 자에게 옷을 입히며 8 변리를 위하여 꾸어 주지 아니하며 이자를 받지 아니하며 스스로 손을 금하여 죄를 짓지 아니하며 사람과 사람 사이에 진실하게 판단하며 9 내 율례를 따르며 내 규례를 지켜 진실하게 행할진대 그는 의인이니 반드시 살리라 주 여호와의 말씀이니라 (겔 18:5-9)

첫 번째 세대의 이야기입니다. 의롭게 산 한 사람이 나옵니다. 의로워서 정의와 공의를 따라 행합니다. 그는 십계명 등에서 가르치는 하나님이 정하신 삶의 기준을 준행하며 삽니다. 이 삶은 '그는 의인이니 반드시 살리라'라는 말씀대로 귀결됩니다.

그의 아들 이야기가 이어지면서 두 번째 세대로 넘어갑니다. "가령 그가 아들을 낳았다 하자 그 아들이 이 모든 선은 하나도 행하지 아니하고 이 죄악 중 하나를 범하여 강포하거나 살인하거나"(겔 18:10). 이렇게 묘사가 시작되는데, 아버지와 반대로 행동하는 모습이 그려집니다. 이 사람은 어떻게 될까요.

13 그가 살겠느냐 결코 살지 못하리니 이 모든 가증한 일을 행하였은즉 반드시 죽을지라 자기의 피가 자기에게로 돌아가리라 (겔 18:13 하)

그는 결코 살아남지 못할 것입니다. 아버지는 의인이었고, 아들은 악인이었습니다. 그래서 무슨 일이 벌어졌습니까. 아버지의 의가 아들의 불의를 덮지 못합니다. 속담과 달리, 부모의 의가 불의한 자식을 살리지 못합니다.

이제 손자 대인 세 번째 세대의 이야기가 이어집니다. "또 가령 그가 아들을 낳았다 하자 그 아들이 그 아버지가 행한 모든 죄를 보고 두려워하여 그대로 행하지 아니하고 산 위에서 제물을 먹지도 아니하며 이스라엘 족속의 우상에게 눈을 들지도 아니하며 이웃의 아내를 더럽히지도 아니하며"(겔 18:14-15).

묘사가 더 이어지는데, 손자는 아버지가 행한 일을 두 눈으로 똑똑히 보고, 저렇게 살면 안 되겠구나 하고, 아버지와 반대로 행동합니다. 그는 할아버지처럼 행합니다. 이 삶의 결과는 이렇습니다. '내 규례를 지키며 내 율례를 행할진대 이 사람은 그의 아버지의 죄악으로 죽지 아니하고 반드시 살겠고'(겔 18:17).

아버지 대의 불의가 아들에게 어떤 영향을 끼칩니까. 두 번째 세대의 불의가 세 번째 세대를 죽이지 못합니다. 하나님은 삼대에 걸친 사례를 통해 범죄하는 그 영혼이 죽을 것임을 분명히 하십니다.

그러나 사람들은 달리 생각합니다. 하나님이 이상해서 물으실 정도입니다. '그런데 너희는 이르기를 아들이 어찌 아버지의 죄를 담당하지 아니하겠느냐 하는도다'(겔 18:19).

이들은 아버지의 죄 때문에 아들이 벌을 받기 마련이라고 고집스럽게 웅성대고 있습니다. 아니, 더 강한 어조로 말합니다. 아버지에게 죄가 있다면, 아들이 벌을 받아야 하는 법이라고까지 합니다. '어찌 담당하지 아니하겠느냐!' 하고 당위까지 담아, 그 속담에 따라 삶을 이해합니다.

아버지가 잘못했어도 아들이 벌을 받지 않는다면 좋은 일일 텐데, 이들은 아버지가 잘못했으면 아들이 벌을 받아야만 한다, 그의 인생은 고생스러워야 한다고까지 말하고 있습니다. 그러니 이 '속담'은 그저 바람처럼 이들을 스쳐 지나가는 것이 아니라, 이들의 삶을 아주 강하게 내리누르고 있었던 것입니다. 사람들은 과거로부터 마음을 짓누르는 무게를 느끼고 있습니다. 견디기 어려운 무게에 짓이겨지며 '아버지가 엉망으로 만들었으면, 자식은 끝장이어야 한다!'라고 자신들의 삶을 저주하고 있습니다. 그러나 하나님의 답은 단호합니다.

> 19 아들이 정의와 공의를 행하며 내 모든 율례를 지켜 행하였으면 그는 반드시 살려니와 20 범죄하는 그 영혼은 죽을지라 아들은 아버지의 죄악을 담당하지 아니할 것이요 아버지는 아들의 죄악을 담당하지 아니하리니 의인의 공의도 자기에게로 돌아가고 악인의 악도 자기에게로 돌아가리라 (겔 18:19 하-20)

'아니다! 전혀 아니다!' 이것이 하나님의 답입니다. 그들에게 흐르는 가계의 저주는 없다는 것입니다. 하나님의 백성은 과거의 사슬에 매이지 않는다는 선언입니다. 선대(先代)로부터 내리눌러 오늘을 뭉개는 압력은 없을 것이니 자유하라고 말씀하십니다.

어떻게 이런 자유를 누릴 수 있을까요. 하나님이 과거로부터 쏠려 내려오는 그 여파를 막아 주시기 때문입니다. 하나님은 그저 관찰 결과를 말씀하시는 것이 아닙니다. 하나님은 의인의 공의와 악인의 악이 다른 이에게로 넘어가지 않게 하십니다. 하나님은 특히 우리를 휩쓰는 과거의 횡포를 끊으십니다. '부모 때문에, 저 사람 때문에 내 인생이 이 모양이다'라고 탄식하지 않도록 하나님이 우리를 지켜 주고 계신다는 것이 에스겔서 18장의 첫 번째 이야기입니다.

우리는 이와는 다른 느낌을 갖고 삽니다. 부모 세대에 이룬 게 많으면, 자식도 혜택을 받아 편하게 사는 것 같습니다. 부모 세대가 마련한 게 변변찮아 자식에게 줄 것이 없으면, 자식들은 사는 게 어렵다고들 합니다. 우리가 가진 자연스러운 상식입니다.

성경은 죄의 영향이 없다고 말하지는 않지만, 부모의 죄 때문에 자식이 벌 받아 죽을 것이라는 생각은 틀렸다고 가르칩니다. 하나님의 말씀이 우리 인생의 진실을 말하는 것이라면, 우리 경험과 다른 내용이 나올 때는 곰곰이 생각할 필요가 있습니다. '우리는 다르게 느끼며 살아왔는데, 그게 아닌가' 하고 생각해 보아야 합니다.

자신의 경험에 비추어 부모 때의 어리석음이 나에게까지 전해져 내려와 내가 벌을 받고 있는 것처럼 느끼는 이가 있다면, 이 말씀 앞에 인생을 다시 돌아보라고 성경이 초대하고 있습니다. 지금 당하고 있는 고생은 그런 벌이 아니라는 것입니다. 물론 앞서 벌어진 죄로부터 어떤 영향을 받고는 있지만, 그 일로 벌을 받듯 인생이 망가진 것은 아니라고 하나님이 진지하게 말씀하십니다.

하나님이 여러 차례 반복하시는 말씀이 있습니다. 첫 세대에게 '반드시 살리라'(겔 18:9)라고 하셨습니다. 둘째 세대에게는 '반드시 죽을지라'(겔 18:13)라고 하십니다. 반드시 죽을 것이라는 말씀입니다. 셋째 세대에게는 다시 '그는 반드시 살려니와'(겔 18:19)라고 하십니다.

'반드시 살 것이다', '반드시 죽을 것이다'라는 표현이 반복되는데, 이 반복되는 표현이 귀를 울릴 때 떠오르는 대목이 있습니다.

'반드시 죽을 것이다.' 하나님이 아담에게 선악을 알게 하는 나무의 열매에 대해 이야기하실 때 이렇게 말씀하셨습니다. '먹으면 반드시 죽을 것이다.' 그때 그 말씀 한마디가 인류의 역사를 결정지었습니다.

그런데 에스겔서에 이 말씀이 다시 나옵니다. 역시 우리 인생을 결정지을 말입니다. '반드시 살 것이다'라는 말은 그저 우리 마음을 위안하려는 의도에서 나온 것이 아닙니다. 하나님이 정색을 하시고 삶의 진실이라고 내놓으시는 말씀입니다. 그러니 우리는 이 말씀을 그 무게에 맞게 대해야 할 것입니다. 하나님은 선포하십니다. '아버지 때문에, 아버지의 죄 때문에 너희 인생이 망가지지 않으니 안심하여라!'

'나' 라는 현실

이제 좀 더 생각할 것이 있습니다. 말씀을 따르자면, 속담과는 다르게 오늘의 현실은 과거의 영향 아래 있지 않다고 하는데, 그러면 오늘의 현실은 과거와 달리 어떻게 될 거라는 말일까요. 그래서 '좋은 오늘'일까요.

부모의 죄가 내게 넘어오지 않는다면, 이제 삶은 봄날일까요. 답은 그래야 할 것 같은데, 그렇다는 말이 쉽게 나오지 않습니다. 우리가 겪는 오늘은 삭막하고 괴로울 때가 많기 때문입니다.

오늘의 이 각박한 현실은 대체 무엇이기에 우리 인생이 이리도 무채색으로만 보일까요. 성경은 아버지의 죄나 다른 이들의 죄 때문이 아니라고 합니다. 그러면 누구 때문일까요. 아버지의 죄도 아니고, 타인의 죄도 아니면, 누구의 죄 때문일까요. 바깥 어디를 보아도 원인을 찾을 수 없다면, 남아 있는 선택지는 하나일 것입니다. 바로 나입니다. 나 때문에 삶이 이렇게 각박합니다.

이것은 낯선 이야기가 아닙니다. 하루를 지나면서도 그렇게 느낄 때가 많습니다. '오늘도 이렇게 바보짓을 했구나. 이 바보 같은 것, 또 이렇게 망쳤구나.' 우리가 자주 실감하는 현실입니다. 이러면 안 된다는 걸 알면서도 계속 내리막길로 치닫고 있습니다. 이런 나를 어쩌면 좋을까요.

내가 겪고 있는 현실은 부모 탓도 아니고, 타인 탓도 아니라고 성경이 말하니까, 더 갑갑한 것 같습니다. 부모의 죄나 다른 누구의 죄 때문이라면 피해자가 되어 사방에 욕하고 살면 될 텐데, 다른 누구의 죄 때문도 아니라고 하면 어떻게 합니까. 결국 내 탓이라는 이야기가 되는데, 더 갑갑한 일입니다. 늘 새로운 갑갑함이 우리 목을 죄어 옵니다.

그래서 우리는 하나님에게 화살을 돌리기도 합니다. 난 이렇게 고민이 많은데, 하나님은 좋기도 하시겠다 싶습니다. 하나님은 편리하실 것 같습니다. 우리의 신음에, 우리의 불평에 언제나 이렇게 답하시면 됩니다. '이게 다 네 탓이다. 네가 죄인이어서 그렇게 사는 거다. 네가 다 엉망으로 만든 거다.' 언제나 우리 앞에는 이 말씀이 들려오는 것 같습니다.

하나님은 정말 편하실까요. 우리 고민에 이렇게 간단한 답변 한마디면 되니 좋으실까요. 정말 그럴까요. 갑갑하기로는 우리보다 하나님이 더하실 것입니다.

하나님은 이스라엘 백성에게 약속을 주신 분입니다. 또 우리에게도 같은 약속을 주셨습니다. '너희 인생은 이대로 끝나지 않을 것이다. 내가 그려 놓은 밝은 미래가 너희 앞에 있다'라고 약속하셨습니다. 그런데 우리 모습을 생각하면, 하나님이야말로 진짜 난관에 봉착하신 것 같습니다.

인간은 다시 새롭게 시작해도 언제나 일을 그르칩니다. 우리는 잘해 보려고 얼마나 많이, 얼마나 자주 마음먹어 왔습니까. 하지만 잘해 보려는 그 마음이 얼마나 가던가요. 마음먹고 새로 공부를 시작해도 곧 졸리고 슬럼프가 옵니다. 수백 대 일의 경쟁을 뚫고 좋은 직장에 들어가도, 새로운 각오는 석 달이면 간곳없고 그만두는 사람들이 속출합니다. 잘해 보려고 하지만 우리 마음은 그 생각을 따르지 않고, 상황은 엉망이 되어 버리는 것을 경험해 봐서 알고 있습니다.

성경은 이를 '죄'라는 말로 설명합니다. 스스로 자신을 망가뜨리며 삶을 망치는 것은 죄입니다. 이렇게 계속 죄를 지으며 자신과 상황을 엉망으로 만든다면, 우리를 기다리는 것은 벌일 것입니다.

우리가 계속해서 자신을 망치고 있다면, 우리가 시작한 일은 전부 벌로 끝나 버릴 것입니다. 부모의 죄가 우리에게 영향을 끼치지 않아도, 우리의 오늘은 결국 탄식이나 절망의 시간이 될 것입니다.

우리는 '절망'이란 단어를 많이 쓰지만, 잘 생각해 보면, 흔히 쓸 수 있는 말이 아닙니다. 절망(絶望)이란 모든 희망이 끊긴 상태를 뜻합니다. 우리는 몸 상태가 좀 좋지 않아도, 뜻한 바가 조금만 어그러져도, 흔히 '절망이다'라고 말하곤 합니다. 그러나 말은 그렇게 해도, 누가 내게 좋은 말 한마디라도 해 주고 따뜻한 차 한잔이라도 건네주면 우리 마음은 쉽게 풀리곤 합니다. 그 정도의 상태라면 우리 마음은 절망이라는 말과 어울리지 않습니다. 여전히 희망이 숨어 있기 때문입니다.

절망이란 도무지 헤어 나올 수 없는 상황인데, 성경이 그려 내는 인간의 현실이 바로 절망입니다. 성경의 진단은 정확합니다. 내 몸이, 나라는 존재가 남아 있는 한 우리에게는 도무지 희망이 다가올 수 없기 때문입니다.

그래서 하나님의 말씀은 무섭습니다. '의인의 공의도 자기에게로 돌아가고 악인의 악도 자기에게로 돌아가리라'(겔 18:20).

악인의 악이 고스란히 우리에게 돌아올 것입니다. 우리는 어쩌면 좋을까요. 스스로를 망가뜨리는 우리를 어떻게 하면 좋을까요. 그런데 이어지는 말씀이 의외의 말로 시작됩니다.

> 21 그러나 악인이 만일 그가 행한 모든 죄에서 돌이켜 떠나 내 모든 율례를 지키고 정의와 공의를 행하면 반드시 살고 죽지 아니할 것이라 22 그 범죄한 것이 하나도 기억함이 되지 아니하리니 그가 행한 공의로 살리라 (겔 18:21-22)

'그러나'라니, 아직 이야기가 다 끝난 것이 아니라는 겁니다. 절망의 현실에 놓여 있는 우리 앞에 '그러나'라는 말이 등장합니다. 악인이라도 돌이키면 죽지 않는다고 하십니다. 앞에서는 부모의 모습이 어떻든, 부모가 만들어 낸 과거가 어떻든, 너희는 죽지 않는다고 말씀했다면, 여기서는 악인의 과거를 말씀합니다.
　앞에서 악인은 반드시 죽을 것이고, 의인은 반드시 살 것이라고 말씀해 놓고는, 그 악인, 그렇게 반드시 죽을 악인에게도 생명으로 나아가는 문이 여전히 열려 있다고 하십니다. '아버지로부터' 아들을 지키신 하나님이 이번에는 아들 자신으로부터도 그를 보호하시고 있습니다. 이제 자기 자신이 빚어낸 과거의 무거운 사슬마저도 끊을 수 있다고 말씀하십니다.
　어떻게 이런 일이 가능할까요. 앞에서 내내 의인에게는 의인의 몫을, 악인에게는 악인의 몫을 주겠다고 하셨는데, 악인에게도 이런 말씀을 하실 수 있는 이유가 무엇일까요.

23 주 여호와의 말씀이니라 내가 어찌 악인이 죽는 것을 조금인들 기뻐하랴 그가 돌이켜 그 길에서 떠나 사는 것을 어찌 기뻐하지 아니하겠느냐 (겔 18:23)

하나님의 성품 때문입니다. '내가 어찌 악인이 죽는 것을 조금인들 기뻐하랴.' 하나님은 지금 재판관처럼 서서 판결을 내리시는 것보다 이스라엘의 문제에 더 깊이 들어와 계십니다.

하나님은 '의인이 되어라' 하는 것으로 그치지 않고, 악인들에게 말을 걸고 계십니다. 우리가 실감하듯, 자신의 삶을 의인의 삶이라고 할 사람이 없다면, 하나님이 말을 거시는 대상은 악인들뿐입니다. 결국 하나님은 내내 악인에게 말을 건네고 계셨던 것입니다. 악인들에게 말씀하십니다. '나는 너희의 죄로부터도 너희를 보호할 것이다.' 여기 하나님의 두 번째 보호가 등장합니다. 악인을 그 자신의 과거로부터도 보호하십니다. 하나님은 나로부터 나를 보호하십니다.

이 점은 나에게만 중요한 것이 아닙니다. 이스라엘 사람들은 자신들을 짓누르는 아버지 대의 죄의 무게를 느끼며 계속 이렇게 말하고 있습니다. '너희는 이르기를 주의 길이 공평하지 아니하다 하는도다'(겔 18:25).

무슨 뜻일까요. 부모가 잘못했는데 왜 우리가 이 모양입니까, 부모가 죄를 지었는데 왜 우리가 포로로 사는 겁니까, 하고 말하는 것입니다. 하나님이 이들에게 답하십니다. '이스라엘 족속아 들을지어다 내 길이 어찌 공평하지 아니하냐 너희 길이 공평하지 아니한 것이 아니냐'(겔 18:25). 그들이 한 번에 알아듣지 못해서인지 하나님은 반복해서 말씀하십니다. "그런데 이스라엘 족속은 이르기를 주의 길이 공평하지 아니하다 하는도다 이스라엘 족속아 나의 길이 어찌 공평하지 아니하냐 너희 길이 공평하지 아니한 것 아니냐"(겔 18:29).

'공평하지 않은 것은 내가 아니라 너희다' 하고 같은 말씀을 반복하시는 것을 봐서 하나님과 이스라엘 사이에는 이 문제로 금방 끝나지 않을 줄다리기가 계속될 것으로 짐작됩니다.

이스라엘 족속이 하나님에 대해서 부당하다고, 공평하지 않다고 느끼는 이유는 아버지의 죄에 대한 벌을 자신들이 받고 있다고 생각하기 때문입니다. 하나님이 물으십니다. '자, 그렇다면, 너희는 너희의 아들들에게 밝은 미래를 선사하고 있느냐.'

부모 탓을 많이 하는 우리지만, 자식을 낳으면 우리는 부모보다 잘할까요. 우리의 인생은 어떤 결과를 빚어낼까요. 하나님은 말씀하십니다. '너희 말대로 부모의 죄가 자식에게 흘러가는 거라면, 너희는 지금 몹쓸 짓을 저지르고 있다. 너희야말로 부당한 것이 아니냐. 너희 생각대로라면, 너희야말로 너희 자식들에게 몹쓸 짓을 저지르고 있다.'

누구 탓인지만 생각하며 인생을 한탄하는 이스라엘 사람들에게 하나님이 주시는 메시지는 전혀 다른 것입니다. '너희의 삶도, 너희 자식들의 삶도 내가 보호할 것이다.' 이제 이 사람들에게 새로운 가능성을 여시려고 합니다. 사람들이 생각지 못했던 전혀 다른 방식의 삶입니다.

30 주 여호와의 말씀이니라 이스라엘 족속아 내가 너희 각 사람이 행한 대로 심판할지라 너희는 돌이켜 회개하고 모든 죄에서 떠날지어다 그리한즉 그것이 너희에게 죄악의 걸림돌이 되지 아니하리라 31 너희는 너희가 범한 모든 죄악을 버리고 마음과 영을 새롭게 할지어다 이스라엘 족속아 너희가 어찌하여 죽고자 하느냐 32 주 여호와의 말씀이니라 죽을 자가 죽는 것도 내가 기뻐하지 아니하노니 너희는 스스로 돌이키고 살지니라 (겔 18:30-32)

'너희는 스스로 돌이키고 살지니라.' 회개하고 살아라, 회개하고 생명을 얻어라, 라고 하나님이 말씀하십니다. 하나님이 악인들에게도 여전히 열어 두신 삶의 가능성입니다.

새로운 삶

그렇다면 이렇게 열린 오늘부터의 삶은 어떤 것입니까. 회개하고 돌이켜 사는 것, 의롭게 사는 것이 무엇인지 이미 말씀하셨습니다. 앞의 사례 연구에 나온 첫 번째 세대인 할아버지의 행동을 다시 봅시다.

5 사람이 만일 의로워서 정의와 공의를 따라 행하며 6 산 위에서 제물을 먹지 아니하며 이스라엘 족속의 우상에게 눈을 들지 아니하며 이웃의 아내를 더럽히지 아니하며 월경 중에 있는 여인을 가까이 하지 아니하며 7 사람을 학대하지 아니하며 빚진 자의 저당물을 돌려 주며 강탈하지 아니하며 주린 자에게 음식물을 주며 벗은 자에게 옷을 입히며 8 변리를 위하여 꾸어 주지 아니하며 이자를 받지 아

니하며 스스로 손을 금하여 죄를 짓지 아니하며 사람과 사람 사이에 진실하게 판단하며 **9** 내 율례를 따르며 내 규례를 지켜 진실하게 행할진대 그는 의인이니 반드시 살리라 주 여호와의 말씀이니라 (겔 18:5-9)

산 위에는 우상 숭배를 하던 산당이 있었으니까, 산 위에서 제물을 먹지 않는다는 것은 거기서 행해지는 제사에 참여하지 않는다는 말입니다. 월경 중에 있는 여인을 가까이하지 않는다는 것에는 모세 오경에 나온 제의적 의미가 담겨 있습니다. 하나님 앞에 거룩함을 유지하는 것입니다. 간단히 말해 십계명을 준수하면 능히 지킬 수 있는 일들입니다.

그런데 이어지는 말씀에서 '주린 자', '벗은 자'에 대한 행동은 무엇을 하지 않는다고 해낼 수 있는 일이 아닙니다. 주리고 벗은 것은 '빚진 자'의 몰골로 묘사되어 있습니다. 그러니까 길을 가다 만나는 헐벗은 사람이 아니라, 내게 빚까지 지고도 저런 모양인 사람입니다. 그 꼴을 보니 빚을 받기는 글러 버린 것 같습니다. 그런데 의인은, 그렇게 빚을 져 놓고 갚지도 못하고 있는 이들을 학대하지 않고 그들에게 저당물을 돌려줍니다.

십계명은 하나님만 섬기고, 다른 사람들에게 나쁜 짓을 행하지 않는 것이라고 요약할 수 있는데, 여기에서는 좀 더 적극적인 행동이 요구되어 있습니다. 아직 받을 게 남아 있는데도 빚진 자에게 잘해 주는 겁니다. 한편, 악한 행동은 이런 의로운 모습에 반대되는 것입니다.

10 가령 그가 아들을 낳았다 하자 그 아들이 이 모든 선은 하나도 행하지 아니하고 이 죄악 중 하나를 범하여 강포하거나 살인하거나 11 산 위에서 제물을 먹거나 이웃의 아내를 더럽히거나 12 가난하고 궁핍한 자를 학대하거나 강탈하거나 빚진 자의 저당물을 돌려 주지 아니하거나 우상에게 눈을 들거나 가증한 일을 행하거나 13 변리를 위하여 꾸어 주거나 이자를 받거나 할진대 그가 살겠느냐 결코 살지 못하리니 이 모든 가증한 일을 행하였은즉 반드시 죽을지라 자기의 피가 자기에게로 돌아가리라 (겔 18:10-13)

하나님은 악인에게 돌이키고 살라고 하셨습니다. 불의에서 돌이켜 의롭게 살라는 것인데, 그러면 '의'란 무엇일까요. 지금 살펴본 것처럼 의롭다는 것은 금지 항목을 준수하여 점수를 따는 것과는 다릅니다. 전혀 다른 삶의 모습을 말하고 있습니다.

앞서 보았듯 의인은 빚진 자의 저당물을 돌려주고, 이자를 받지 않습니다. 악인은 이자를 받기 위해 돈을 빌려줍니다. 돈을 빌려주면 응당 이자를 받아야 균형이 맞을 텐데, 이것을 왜 악인의 모습으로 묘사하는 것일까요.

하나님은 그렇게 해서야 빚진 자가 살겠느냐고 하십니다. 그는 불쌍한 사람이라는 말씀입니다. 상대를, 내 인생을 위한 수단으로 보지 말고 가엾게 여기라는 것입니다. 의인이 이자를 받지 않는 것은 바로 그 때문입니다. 그는 자신에게 빚진 사람의 처지를 궁휼히 여깁니다. 가엾은 사람을 보고 마음 아파합니다.

불의에서 돌이켜 생명을 얻으라고 할 때, '돌이킨다'라는 것은 목록을 점검하며 금지된 일을 하지 않는다고 되는 일이 아닙니다. 하나님은 어려움에 처한 사람에 대해 긍휼한 마음을 품는 것이 의로움이라고 말씀하십니다. 이것이 율법에 담긴 뜻입니다.

'어떻게 살아야 우리 인생에 생명이 주어지는가.' 다른 사람들을 긍휼한 마음으로 바라보며 살라고 하십니다. '어떻게 해야 생명을 얻는가.' 어제까지는 다른 사람들에게서 이익을 얻으며 살았다면, 오늘부터는 그 사람을 위해 네 것을 내주어라, 그러면 너희에게 생명이 얼마든지 주어질 것이다, 라고 하십니다. 그런 삶을 살기로 돌이킬 때, 생명의 문에 들어서는 것입니다.

'생명에 들어가라. 살아라'라는 것은 악에 물들어 있는 것과는 다른 삶에 들어서는 것입니다. 의롭게 행동하면 그 대가로 생명이 주어진다기보다는, 그런 삶 자체가 생명으로 들어가는 문이 됩니다. 그렇게 행동하면서 생명이 무엇인가 맛보는 것입니다.

하나님은 지금 이스라엘 백성에게, 부모가 마일리지를 많이 깎아 먹었으니, 이제라도 마일리지를 다시 채워야 너희 인생에 빛이 들 거라고 하시는 것이 아닙니다. 이들의 삶 자체를 죽음이 아니라 생명에 어울리는 것이 되도록 부르시고 있습니다. '그리하여 살아라!' 생명으로 채워진 삶에 그들을 초대하십니다.

그 문, 그 생명의 문에 들어서면 만나게 된다는 생명은 무엇일까요. 그 너머에 무엇이 있을까요. 그 문에 들어서면 우리 눈을 가득 채울 이는 바로 하나님이십니다. 악인으로 살았으나 돌이켜 여기에 이른 이를 두 팔로 맞으시는 하나님입니다. 하나님이야말로 빚진 자를 긍휼히 여기시는 분이기 때문입니다.

21 그러나 악인이 만일 그가 행한 모든 죄에서 돌이켜 떠나 내 모든 율례를 지키고 정의와 공의를 행하면 반드시 살고 죽지 아니할 것이라 22 그 범죄한 것이 하나도 기억함이 되지 아니하리니 그가 행한 공의로 살리라 23 주 여호와의 말씀이니라 내가 어찌 악인이 죽는 것을 조금인들 기뻐하랴 그가 돌이켜 그 길에서 떠나 사는 것을 어찌 기뻐하지 아니하겠느냐 (겔 18:21-23)

악인이 죽는 것조차 기뻐하지 않으시는 긍휼이 풍성한 하나님이 우리를 맞으실 것입니다. 생명은 이런 마음이 가득한 곳에서 피어납니다. 우리는 생명을 맛보는 정도가 아니라, 생명이신 하나님과 함께 있게 됩니다. 의인의 모습은 바로 하나님의 모습이었습니다.

하나님의 말씀은 이렇게 마무리됩니다. "주 여호와의 말씀이니라 죽을 자가 죽는 것도 내가 기뻐하지 아니하노니 너희는 스스로 돌이키고 살지니라"(겔 18:32). 하나님은 '악인들이여, 돌이켜 생명으로 들어오너라' 하고 말씀하십니다. 악인에게도 여전히 생명으로 나아가는 문이 열려 있고, 누구나 이 문으로 들어서면 생명을 맛볼 것입니다. 생명이신 그분과 힘께 있을 것입니다. 생명 그 자체를 누릴 것입니다.

하나님은 이스라엘 사람들이 그들을 휩싸고 있던 속담과는 다른 삶의 문에 서 있다고 하십니다. 이들은 제대로 살아 보기도 전에 인생의 어두운 비밀을 알아 버린 비참한 사람들이 아닙니다. 하나님이, 그들을 제대로 살아 볼 수 없게 만드는 모든 사슬을 걷어 내시고 그들의 삶을 보호하십니다. 우리에게도 이 소식이 들려옵니다.

우리는 우리의 능력으로 선택할 수 없는 정황 가운데 들어와 살고 있습니다. 사방을 둘러보아도, 길이 막혀 있습니다. 우리 인생은 안될 인생이었던 것일까요. '아니다!' 하시는 하나님의 큰 소리가 울립니다. 아직 우리가 다 이해할 수 없지만, 우리 삶은 그분의 일이 얼마든지 펼쳐질 수 있는 공간입니다. 우리에게는 여전히 생명으로 나아갈 기회가 활짝 열려 있습니다.

우리에게 열려 있는 이 기회를 어떻게 선용할 수 있을까요. 의롭게 살라는 말씀을 들었습니다. 의로움이란 악인이 죽는 것을 기뻐하지 않는 마음으로 살아가는 것이라고 했습니다.

우리는 제 코가 석 자여서, 다른 사람을 돌볼 틈이 없습니다. 상황이 해결되어야 비로소 주위도 돌아볼 수 있는 여유가 생기겠다 싶은 것이 우리 마음인데, 하나님은 자꾸 우리 손을 끌어당기십니다. '아니다. 넌 충분히 할 수 있다. 지금 당장 주위를 돌아보아도 된다. 그러면 생명을 맛보게 될 것이다'라고 우리를 부르십니다.

돌이켜라, 이 세상에서 생각하는 것과 달리, 하나님이 말씀하신 대로 살아가기 시작한다면 너희는 살 것이다, 라는 초대가 우리 앞에 있습니다. '생명이신 하나님이 긍휼 가득한 모습으로 우리와 함께하시니 마음 놓고 하나님의 부르심에 응답하여라'라는 큰 소리가 우리를 부르고 있습니다. 우리가 이 말씀 앞에 마음을 다해 응답하고 순종하는 주의 백성이 되길 소망합니다.

기도

하나님, 하나님께서 우리 인생을 외부의 그 어떤 영향으로부터도, 또 우리 내부의 죄성과 허물로부터도 보호하신다고 말씀하십니다. 무엇에도 매이지 않고, 새롭게 오늘을 시작할 수 있는 인생을 주께서 우리에게 허락하셨습니다. 우리 인생을 그와 같은 눈으로 바라보고 주의 말씀대로 순종하며 살아가게 하옵소서. '돌이켜 생명을 얻어라'라는 말씀이 악인이 죽는 것을 기뻐하지 않으시는 하나님께서 진심으로 우리에게 건네시는 말씀이라는 것을 알아차리고 그 말씀에 온 인격으로 반응하는 주의 백성이 되도록 우리를 인도하여 주시옵소서. 예수님의 이름으로 기도합니다. 아멘.

애가에서 찬가로

윤철규

1 너는 이스라엘 고관들을 위하여 애가를 지어 2 부르라 네 어머니는 무엇이냐 암사자라 그가 사자들 가운데에 엎드려 젊은 사자 중에서 그 새끼를 기르는데 3 그 새끼 하나를 키우매 젊은 사자가 되어 먹이 물어뜯기를 배워 사람을 삼키매 4 이방이 듣고 함정으로 그를 잡아 갈고리로 꿰어 끌고 애굽 땅으로 간지라 5 암사자가 기다리다가 소망이 끊어진 줄을 알고 그 새끼 하나를 또 골라 젊은 사자로 키웠더니 6 젊은 사자가 되매 여러 사자 가운데에 왕래하며 먹이 물어뜯기를 배워 사람을 삼키며 7 그의 궁궐들을 헐고 성읍들을 부수니 그 우는 소리로 말미암아 땅과 그 안에 가득한 것이 황폐한지라 8 이방이 포위하고 있는 지방에서 그를 치러 와서 그의 위에 그물을 치고 함정에 잡아 9 우리에 넣고 갈고리를 꿰어 끌고 바벨론 왕에게 이르렀나니 그를 옥에 가두어 그 소리가 다시 이스라엘 산에 들리지 아니하게 하려 함이라 10 네 피의 어머니는 물 가에 심겨진 포도나무 같아서 물이 많으므로 열매가 많고 가지가 무성하며 11 그 가지들은 강하여 권세 잡은 자의 규가 될 만한데 그 하나의 키가 굵은 가지 가운데에서 높았으며 많은 가지 가운데에서 뛰어나 보이다가 12 분노 중에 뽑혀서 땅에 던짐을 당하매 그 열매는 동풍에 마르고 그 강한 가지들은 꺾이고 말라 불에 탔더니 13 이제는 광야, 메마르고 가물이 든 땅에 심어진 바 되고 14 불이 그 가지 중 하나에서부터 나와 그 열매를 태우니 권세 잡은 자의 규가 될 만한 강한 가지가 없도다 하라 이것이 애가라 후에도 애가가 되리라 (겔 19:1-14)

슬픔의 노래

성경에는 '노래'라는 표현이 종종 나옵니다. 시편이 대표적입니다. 신명기 뒷부분에도 모세가 만든 노래가 나옵니다. 어떤 노래일까요. 너희가 가나안 땅에 들어가면 똑바로 살아라, 그런데 너희는 내 경고를 듣지 않을 거다, 율법도 안 지키고 우상을 숭배할 거다, 그래서 너희는 이방으로 잡혀갈 거다, 그러나 하나님이 너희를 다시 구출해 내실 것이다, 라는 내용이 담긴 노래입니다. 그리고 그 노래를 자자손손 부르라고 합니다. 아무래도 단순한 말이나 글보다는 운율이나 곡조가 있는 노래가 사람들의 기억에 훨씬 쉽게 남기 때문일 것입니다.

우리도 좋은 일이 있거나 슬픈 일이 있을 때, 또는 인생의 중요한 전환점에 있을 때 그때의 정서를 노래로 표현하곤 합니다. 결혼식에서도 빠지지 않는 게 있다면 무엇입니까? 축가입니다. 결혼하는 이들을 축하하며 그들이 인생의 중요한 분기점에 서 있다는 사실을 상기시키기 위해 노래를 불러 줍니다. 이렇게 어떤 시대, 어떤 상황에 따른 정서를 잘 담아내는 노래들이 있습니다. 김광석의 '이등병의 편지'라든지, '서른 즈음에' 같은 노래를 들으면 그 상황에 있지 않더라도 그 노래가 표현하는 상황이나 정서에 깊이 공감이 됩니다.

본문 말씀에서 보듯, 에스겔은 노래를 하나 지었습니다. '애가', 곧 슬픔의 노래입니다. '이 노래를 불러라. 이 노래를 대대손손 불러라.' 아마 포로로 잡혀간 사람들, 특히 에스겔 이후의 사람들은 에스겔을 통해서 이 노래를 잘 알았을 것입니다. 그런데 무엇을 슬퍼하는 노래입니까? '슬픔의 노래'를 표제로 한 성경이 하나 있는데, '예레미야애가'입니다. 예레미야서에는 유다가 망할 거라는 예언이 가득 차 있습니다. 그리고 그 예언대로 결국 망해 버린 예루살렘 성과 유다를 보며 예레미야 선지자가 무려 다섯 장에 걸쳐서 슬픔의 노래를 부르고 있습니다. 그와 비슷하게 에스겔도 애가를 짓습니다. 에스겔은 비유과 은유와 상징 같은 다양한 문학적 장치들을 통해 유다의 현실을 낱낱이 드러냅니다.

사자와 포도나무

먼저 19장 2절에서 눈에 띄게 사용된 이미지는 바로 '사자'입니다. 여기서 사자는 유다입니다. 그리고 사자의 새끼들은 당시 유다의 마지막 왕들을 상징하는 것 같습니다. 10절부터 14절에서는 포도나무의 이미지를 사용합니다. 앞 장에서도 포도나무가 나왔는데 그것으로 현재 유다의 처지를 묘사합니다. 사자와 포도나무가 왜 유다를 상징하는지에 대해서는 창세기 49장에서 확인할 수 있습니다. 창세기 49장 1절에 보면 야곱이 죽기 전에 열두 아들을 불러 축복하는 장면이 있습니다. 그런데 말이 축복이지 내용을 자세히 보면 앞으로 그 후손에게 일어날 일들에 대해 묘사해 주고 있는 듯이 보입니다. 8절에 보면 유다에 관한 내용이 나옵니다.

> 8 유다야 너는 네 형제의 찬송이 될지라 네 손이 네 원수의 목을 잡을 것이요 네 아버지의 아들들이 네 앞에 절하리로다 (창 49:8)

유다의 위상이 굉장히 높아질 것이라는 예언입니다. 그러니 이 이야기는 당시 야곱의 아들 중 하나였던 유다에 관한 이야기가 아닙니다. 장차 이 유다를 통해서 형성되는 유다 지파에 관한 이야기입니다. 나중에 유다 지파는 이스라엘에서 가장 강력한 지파가 됩니다. 다윗이 유다 지파 사람입니다. 솔로몬이 죽고 난 후 나라가 나뉘었을 때, 열 지파의 연합으로 세워진 북쪽 왕국은 '이스라엘'이라는 이름을 갖게 되고 유다 지파와 베냐민 지파가

연합하여 세운 남쪽 왕국은 '유다'라는 국명을 갖습니다. 한 나라의 공식 명칭으로 쓸 만큼 유다 지파의 권세가 굉장해질 것이라는 사실이 이미 창세기에서 암시되어 있습니다. 그래서 9절에서는 이렇게 표현합니다.

> 9 유다는 사자 새끼로다 내 아들아 너는 움킨 것을 찢고 올라갔도다 그가 엎드리고 웅크림이 수사자 같고 암사자 같으니 누가 그를 범할 수 있으랴 10 규가 유다를 떠나지 아니하며 통치자의 지팡이가 그 발 사이에서 떠나지 아니하기를 실로가 오시기까지 이르리니 그에게 모든 백성이 복종하리로다 (창 49:9-10)

여기서 '규'는 왕의 통치권을 상징하는 짧은 지팡이 같은 것입니다. 11절에서는 이런 이미지가 사용됩니다.

> 11 그의 나귀를 포도나무에 매며 그의 암나귀 새끼를 아름다운 포도나무에 맬 것이며 또 그 옷을 포도주에 빨며 그의 복장을 포도즙에 빨리로다 12 그의 눈은 포도주로 인하여 붉겠고 그의 이는 우유로 말미암아 희리로다 (창 49:11-12)

포도나무가 나옵니다. 포도나무는 지금도 매우 사랑받는 나무입니다. 당시 사람들은 포도나무를 번성의 상징으로 여겼습니다. 포도나무는 열매가 굉장히 새콤달콤하여 그 자체로도 사람들에게 기쁨을 주지만, 그 열매로 포도주를 만들 수 있다는 점에서 더 매력적입니다. 포도주는 연회나 제의에 없으면 안 되는 필수 음료입니다. 따라서 인류 역사에서 아주 옛적부터 사람들에게 소중히 여겨졌던 나무 중 하나가 바로 포도나무입니다. 유다가 그렇게 될 것이라고 합니다. 존귀하고 번성하며 큰 이득을 주는 포도나무와 같은 존재가 될 것이라고, 혹은 사람들이 포도나무로부터 풍성한 소산을 누리듯이 유다가 그런 복을 누리게 될 것이라고 합니다. 더불어 '이는 우유로 밀미암아 희리로다'(12절)라는 구절이 나옵니다. 우리나라에서도 조선 시대 때에 우유는 왕족만 마실 정도로 매우 귀한 음료였습니다. 아무리 유목을 업으로 삼고 사는 민족이어도 우유가 귀하기는 마찬가지였을 것입니다. 그러니 이 구절은 유다의 후손들이 이 정도로 풍족한 삶을 누릴 것이라는 예언입니다.

유린당하는 사자

이러한 내용이 구약의 이스라엘 역사에서는 어떻게 펼쳐질까요? 유다의 마지막 왕들의 이야기가 나오는 역대하 35장을 살펴보겠습니다. 북 이스라엘은 유다가 망하기 130여 년 전에 이미 망했습니다. 언약의 백성들이 세운 나라는 이제 유다만 남아 있는 상황에서, 그들도 완전히 망하기 전에 어떤 일이 일어났는지 이 말씀을 통해 살펴볼 수 있습니다. 역대하 35장에는 히스기야의 신앙을 계승하여 종교 개혁을 수행한 요시야라는 왕에 대한 행적이 나옵니다. 요시야는 굉장히 훌륭한 왕이었습니다. 그러나 그의 아버지였던 므낫세 때 우상 숭배가 극심했기 때문에 나라가 망하는 것은 되돌릴 수 없는 운명이었습니다. 그런데 이런 상황에서 어떤 일이 일어났을까요? 역대하 35장 20절입니다.

20 이 모든 일 후 곧 요시야가 성전을 정돈하기를 마친 후에 애굽 왕 느고가 유브라데 강 가의 갈그미스를 치러 올라왔으므로 요시야가 나가서 방비하였더니 (대하 35:20)

요시야는 성전을 수리하고, 그 와중에 우연히 발견한 모세의 두루마리에 적혀 있는 율법에 근거해서 종교 개혁을 성실하게 수행한 왕이었습니다. 그러던 중에 애굽의 왕 느고가 유브라데 강 가의 갈그미스를 치러 올라갑니다. 이 갈그미스라고 하는 곳에서 당시에 한참 세력을 불리고 있던 바벨론과 전통의 강자인 애굽을 비롯한 애굽의 연합군이 한판 붙습니다. 그런데 당시 요시야 왕은 바벨론 편이였습니다. 그래서 느고가 갈그미스를 향해 올라갈 때 요시야가 중간에서 그를 치려고 출정합니다. 결과는 어떻게 되었을까요? 요시야 왕은 므깃도라고 하는 골짜기에서 전사합니다. 요시야 왕이 죽었으니 유다는 새로운 왕을 세워야 합니다. 그때 누구의 영향력이 제일 크게 작용하겠습니까. 당연히 애굽의 왕인 느고였습니다. 36장을 봅시다.

1 그 땅의 백성이 요시야의 아들 여호아하스를 세워 그의 아버지를 대신하여 예루살렘에서 왕으로 삼으니 2 여호아하스가 왕위에 오를 때에 나이가 이십삼 세더라 그가 예루살렘에서 다스린 지 석 달에 3 애굽 왕이 예루살렘에서 그의 왕위를 폐하고 또 그 나라에 은 백 달란트와 금 한 달란트를 벌금으로 내게 하며 4 애

굽 왕 느고가 또 그의 형제 엘리아김을 세워 유다와 예루살렘 왕으로 삼고 그의 이름을 고쳐 여호야김이라 하고 그의 형제 여호아하스를 애굽으로 잡아갔더라

(대하 36:1-4)

당시 유다의 역사를 보면 굉장히 복잡합니다. 왕들의 재위 기간이 매우 짧기 때문입니다. 요시야 왕이 죽고 난 다음에 그의 아들이었던 여호아하스가 석 달 정도 왕 노릇을 합니다. 그는 애굽의 왕에 의해서 왕위가 폐해집니다. 그리고 엘리아김이라는 인물을 여호야김이라고 이름을 바꾸어서 왕으로 세웁니다. 이 여호야김은 친애굽파였겠습니까, 아니면 친바벨론파였겠습니까? 친애굽파였습니다. 그러니 애굽 사람들이 그를 왕으로 세웠을 것입니다. 당연히 애굽 사람들은 이 왕을 좋아했을 겁니다. 그런데 누가 이 왕을 싫어했을까요? 당연히 바벨론이 싫어합니다. 그래서 이렇게 합니다.

5 여호야김이 왕위에 오를 때에 나이가 이십오 세라 예루살렘에서 십일 년 동안 다스리며 그의 하나님 여호와 보시기에 악을 행하였더라 6 바벨론 왕 느부갓네살이 올라와서 그를 치고 그를 쇠사슬로 결박하여 바벨론으로 잡아가고 (대하36:5-6)

왕국의 말년에 이런 식으로 왕들의 수난이 계속됩니다. 왕을 세웠더니 애굽의 왕이 와서 그 왕을 폐하고 다른 왕을 세워 버리고, 또 바벨론의 왕은 그 왕이 마음에 안 든다고 와서 그 왕을 잡아가 버립니다. 그다음 왕위에 오른 이는 여호야긴이라는 인물

입니다. 바벨론이 그를 왕으로 세운 것을 봐서는 그 역시 친바벨론파라고 할 수 있습니다. 그런데 그는 우리가 자세히 알 수 없는 이유로 바벨론의 왕을 배신합니다.

> 9 여호야긴이 왕위에 오를 때에 나이가 팔 세라 예루살렘에서 석달 열흘 동안 다스리며 여호와 보시기에 악을 행하였더라 10 그 해에 느부갓네살 왕이 사람을 보내어 여호야긴을 바벨론으로 잡아가고 여호와의 전의 귀한 그릇들도 함께 가져가고 그의 숙부 시드기야를 세워 유다와 예루살렘 왕으로 삼았더라 (대하 36:9-10)

그는 예루살렘에서 백 일 만에 폐위를 당합니다. 그리고 느부갓네살 왕이 보낸 사람에 의해서 바벨론에 잡혀갑니다. 그리고 세워진 왕이 유다 왕국의 마지막 왕인 시드기야입니다.

원래 유다는 어떤 이미지를 가지고 있었습니까. '사자'였습니다. 사자는 가장 용맹한 동물을 상징합니다. 모든 맹수 중의 왕입니다. 그런데 그런 사자로 불렸던 유다, 사자의 새끼로 묘사되었던 유다의 왕들이 이렇게 철저하게 유린당하는 모습을 에스겔 19장 전반부에서 이렇게 묘사하고 있는 셈입니다. "사자라면서 이리저리 끌려다니고 유린당하고 있구나. 너는 정말로 사자 새끼가 맞느냐?" 이렇게 조롱하고 있는 것입니다.

뿌리째 뽑힌 포도나무

본문 말씀과 관련하여 구약 성경에서 살펴보고 싶은 또 다른 책이 있습니다. 호세아서입니다. 호세아서는 북 이스라엘이 멸망하기 전에 행해진 예언을 담고 있습니다. 그러니까 남 유다가 멸망하기 훨씬 이전 시점입니다. 북 이스라엘이 멸망하기 전에 호세아가 그들을 향해 멸망을 예언했는데, 그 내용이 비록 북 이스라엘에 관한 예언이기는 하지만, 에스겔서 시점에서 보면 거기에는 남 유다를 향한 예언의 말씀과 연관된 상징이나 은유가 많습니다. 호세아 9장 10절을 나누어서 보겠습니다.

10 옛적에 내가 이스라엘을 만나기를 광야에서 포도를 만남 같이 하였으며 너희 조상들을 보기를 무화과나무에서 처음 맺힌 첫 열매를 봄 같이 하였거늘 (호 9:10 상)

하나님이 그들을 귀하게 대하셨다고 합니다. 에스겔서에서는, 광야에서 피 흘리고 있는 핏덩이를 내가 보살펴서 멋진 성인으로 키워 냈다, 그런데 그녀가 나를 배신했다, 라고 하며 유다의 죄를 책망하셨습니다. 호세아서의 이 대목이 그 내용을 떠올리게 합니다. 이어지는 내용은 이렇습니다.

10 그들이 바알브올에 가서 부끄러운 우상에게 몸을 드림으로 저희가 사랑하는 우상 같이 가증하여졌도다 (호 9:10 하)

사람은 자기가 신으로 섬기는 대상을 닮기 마련입니다. 그들은 하나님의 언약 백성이니 하나님의 모습을 닮아 가야 마땅합니다. 그러나 그들이 가증한 우상을 섬기다 보니 우상같이 가증해 졌다고 하나님이 지적하십니다. 호세아 10장 1절로 넘어가겠습니다.

> 1 이스라엘은 열매 맺는 무성한 포도나무라 그 열매가 많을수록 제단을 많게 하며 그 땅이 번영할수록 주상을 아름답게 하도다 (호 10:1)

"열매가 많아지고, 재산이 많아지고, 땅이 좋아서 농사가 잘되는 그런 복을 내가 그들에게 주었다. 그러나 그들은 그러한 복을 가지고 나를 섬기는 데 사용한 것이 아니라 우상을 섬기는 데 사용한다. 그러니 내가 어찌 그들을 계속 번성하게 둘 수 있겠느냐?"라고 주님이 지적하십니다. 말씀은 이렇게 이어집니다.

> 2 그들이 두 마음을 품었으니 이제 벌을 받을 것이라 하나님이 그 제단을 쳐서 깨뜨리시며 그 주상을 허시리라 3 그들이 이제 이르기를 우리가 여호와를 두려워하지 아니하므로 우리에게 왕이 없거니와 왕이 우리를 위하여 무엇을 하리요 하리로다 (호 10:2-3)

"나는 너희를 위해서 왕을 세우게 해 주었다. 너희를 위해서 국가를 세워 주었다. 너희를 위해서 풍요로운 땅을 주었다. 그 땅에서 많은 백성이 자라게 했고 강력한 군대를 만들 수 있게 했다. 그런데 그 일의 결과가 무엇이냐. 너희는 나를 떠나 우상을 만들어 섬기며, 너희가 섬기는 가증한 우상을 따라 너희 자신도 가증해지지 않았느냐. 소돔이 왜 망했느냐. 그들은 가난한 이들을 돌보지 않고, 언약 백성으로서 살지 않고, 하나님의 율법에 근거해서 살지 않고, 자신의 욕망을 따라 타인을 압제하며 욕심 부리면서 살다가 망하였다. 그런데 너희도 지금 그 길로 가고 있구나"라고 주님이 지적하시는 것입니다.

에스겔서의 맥락으로 돌아와 생각해 보면, "너희가 예루살렘 벽 안에서, 성전 안에서 지금까지 해 오던 대로 계속 우상 숭배를 하는데도 아무 문제가 없고, 집값이 오르고, 연봉도 오르고, 건강이 유지되고, 병에도 걸리지 않아서 계속 우상을 숭배하며 망하는 길로 가는데도, 가만히 앉아서 보고만 있다면 나는 하나님이 아니다. 너희의 그런 가증한 마음과 행위를 보고서 가만히 있을 수는 없다"라고 주님이 말씀하시는 것입니다.

그래서 주님은 "너희가 해 오던 그 일을 유지할 수 있는 상황, 즉 우상을 섬길 수 있는 여건, 너희가 누리던 여유, 안온한 생, 너희의 소유물, 재능, 이 모든 것을 소용없는 것으로 만들어 버리겠다. 너희의 안전을 보장하는 국가의 최종 책임자인 왕을 없애 버리겠다. 그 일로 너희를 뿌리째 흔들 것이다. 너희는 약간의 여력만 남아 있어도 그것으로 죄를 지을 것이기에 내가 그것들을 송두리째 없애 버리겠다"라고 말씀하시는 것입니다. "너희는 이제 유린당하는 사자 새끼에 불과하다. 뿌리째 뽑혀서 던져지는 마른 포도나무 장작과 같다."

에스겔서 19장으로 다시 넘어와 보겠습니다.

1 너는 이스라엘 고관들을 위하여 애가를 지어 (겔 19:1)

여기서 개역한글판 성경에는 '방백'이라고 되어 있는 '고관'에 대한 이야기가 나옵니다. 그들은 유다를 다스리는 지도자들입니다. 어느 주석가는 이 말씀의 맥락을 따져 보면 왕이 당하는 일인데 왕이라는 표현을 사용하지 않고 고관이라는 표현을 사용했다고 설명합니다. 왕이 사라질 것이기 때문입니다. 왕이 왕으로서 자신에게 부여된 역할을 더는 감당하지 못할 것이기 때문에 그렇습니다.

전에 살펴본 대로 에스겔서 16장이나 17장에서는 '우리는 예루살렘에 있으니까 괜찮아. 우리는 성전이 있으니까 괜찮아'라고 하는 예루살렘과 성전에 대한 신화가 깨지는 일이 있었습니다. 여기 19장에 나오는 노래에서는 '우리는 다윗 왕가가 다스리니까 괜찮아. 우리는 유다의 자손들이니까 괜찮아'라고 주장하는 거짓된 신학, 거짓된 신화가 깨지는 일이 나옵니다.

그러니 '우리는 성전을 가지고 있으니까 괜찮아. 우리는 예루살렘 사람이니까 괜찮아. 우리는 다윗 왕의 후손이 다스리고 있으니까 괜찮아. 우리는 유다 지파의 후손들이니까 괜찮아. 유다 지파는 먼 옛날부터 사자라고 불렸어. 우리는 망하지 않을 거야'라고 생각하며 안심하고 있던 유다의 백성들에게 에스겔의 이 노래는 "웃기지 마라. 유다가 사자라고? 그 사자가 이제 힘없는 강아지처럼 끌려다니면서 쳐 맞을 거다"라고 이야기하는 것입니다. "그 사자는 이제 아무것도 아니다. 그 포도나무도 이제 아무것도 아니다"라고 말하는 것입니다.

믿음의 혈통이든 좋은 전통이든, 심지어 성전이라고 할지라도 하나님이 아닌 것을 더 의지한다면, 하나님은 그것들을 철저히 깨부수실 거라는 경고가 에스겔 19장의 애가를 통해 드러나 있습니다.

나는 참포도나무요

이러한 기조는 시편의 많은 시에도 드러나 있습니다. 시편에는 다윗이 쓴 시도 많지만, 그 외 많은 시가 바벨론 포로 시대에 쓰였거나, 포로 시대의 정황들을 염두에 두고 쓰였습니다. 그중 시편 80편을 보겠습니다. 시편 80편의 부제는 '국가의 회복을 비는 기도'입니다. 이 시는 공동체 탄식 시로 불리기도 합니다.

> 1 요셉을 양 떼 같이 인도하시는 이스라엘의 목자여 귀를 기울이소서 그룹 사이에 좌정하신 이여 빛을 비추소서 (시 80:1)

하나님이여 우리에게 오소서, 라고 간구합니다. 그리고 8절부터는 우리가 앞에서 살펴본 이미지를 사용하여 이렇게 탄원합니다.

> 8 주께서 한 포도나무를 애굽에서 가져다가 민족들을 쫓아내시고 그것을 심으셨나이다 9 주께서 그 앞서 가꾸셨으므로 그 뿌리가 깊이 박혀서 땅에 가득하며 10 그 그늘이 산들을 가리고 그 가지는 하나님의 백향목 같으며 11 그 가지가 바

다까지 뻗고 넝쿨이 강까지 미쳤거늘 (시 80:8-11)

여기서 말하는 바다는 지중해를, 강은 아마 가나안과 애굽의 경계에 있는 애굽 강을 의미하는 것이 아닐까 싶습니다. 하나님이 이스라엘 백성들을 애굽에서 끄집어내실 때 그들에게 주시려고 했던 영토의 범위가 어느 정도인지를 알려 줍니다. 하나님은 그들에게 이렇게 넓은 영토를 주시고 그들을 풍요롭게 하셨습니다. 그러나 그들의 행위는 배은망덕했습니다. 12절부터 보겠습니다.

> 12 주께서 어찌하여 그 담을 허시사 길을 지나가는 모든 이들이 그것을 따게 하셨나이까 13 숲 속의 멧돼지들이 상해하며 들짐승들이 먹나이다 14 만군의 하나님이여 구하옵나니 돌아오소서 하늘에서 굽어보시고 이 포도나무를 돌보소서 15 주의 오른손으로 심으신 줄기요 주를 위하여 힘있게 하신 가지니이다 16 그것이 불타고 베임을 당하며 주의 면책으로 말미암아 멸망하오니 (시 80:12-16)

이 시의 저자는, 우리는 주님의 귀한 포도나무 같았고, 온 세계에 번성하는 아름다운 포도밭 같았는데, 들짐승이 와서 해치고 그 열매를 따 먹습니다, 우리는 철저하게 유린당하고 있습니다, 하나님 돌봐 주십시오, 우리를 불쌍히 여겨 주십시오, 라며 탄원합니다.

그런데 이 시가 도달하는 바로 다음 지점이 굉장히 특별합니다. "이스라엘을 다스리는 왕들이 실패하고 포도나무 같은 우리 유다가 이렇게 만방에 유린당하고 뿌리가 뽑혀서 먼 이방에 던져지는 비극을 당했습니다. 하나님, 도대체 이 일이 어찌 된 일입니까?"라고 탄원하는 이 시의 저자에게 특별한 이해가 생기는 것 같습니다. 17절을 보겠습니다.

17 주의 오른쪽에 있는 자 곧 주를 위하여 힘있게 하신 인자에게 주의 손을 얹으소서 (시 80:17)

여기서 주의 오른쪽에 있는 자는 누구일까요. 구약 성경의 맥락에서는 메시아를 의미할 것입니다. 메시아는 역사에서 실패한 왕들의 역할을 참되게 감당하시는 분입니다. "우리에게 주님의 지도자를 세워 주시옵소서. 그에게 힘을 더하여 주시고 그 지도자를 통해 우리나라가 회복하게 해 주십시오"라고 하는 간구였을 것입니다.

그런데 우리는 이 시를 읽을 때 주님의 오른편에 계시는 참된 분, 인자의 형상으로 온 세계와 만국을 다스리시는 그분을 떠올리게 됩니다.

18 그리하시면 우리가 주에게서 물러가지 아니하오리니 우리를 소생하게 하소서 우리가 주의 이름을 부르리이다 19 만군의 하나님 여호와여 우리를 돌이켜 주시고 주의 얼굴의 광채를 우리에게 비추소서 우리가 구원을 얻으리이다 (시 80:18-19)

이스라엘과 유다의 왕들은 역사 내내 철저히 실패합니다. 사자라고 비유되었던 유다의 그 영광스러운 모습은 온데간데없고 철저히 유린당하고, 이리저리 끌려다니고, 온갖 치욕을 당하는 모습뿐입니다. 그런데 유다 지파의 진정한 사자가 오십니다.

귀한 포도나무로 일컬음을 받았던 유다가 뿌리째 뽑혀서 이 방에 흩뿌려집니다. 그 열매를 멧돼지들, 들짐승들이 와서 먹어 치웁니다. 그런데 요한복음 15장에서 우리가 잘 아는 그분을 무엇이라고 말씀하는지 봅시다.

> 1 나는 참포도나무요 내 아버지는 농부라 2 무릇 내게 붙어 있어 열매를 맺지 아니하는 가지는 아버지께서 그것을 제거해 버리시고 무릇 열매를 맺는 가지는 더 열매를 맺게 하려 하여 그것을 깨끗하게 하시느니라 3 너희는 내가 일러준 말로 이미 깨끗하여졌으니 4 내 안에 거하라 나도 너희 안에 거하리라 가지가 포도나무에 붙어 있지 아니하면 스스로 열매를 맺을 수 없음 같이 너희도 내 안에 있지 아니하면 그러하리라 5 나는 포도나무요 너희는 가지라 그가 내 안에, 내가 그 안에 거하면 사람이 열매를 많이 맺나니 나를 떠나서는 너희가 아무 것도 할 수 없음이라 (요 15:1-5)

"그래, 너희는 버려진 가지였다. 너희는 아무짝에도 쓸모없는 존재였다. 그러나 그동안 이스라엘의 왕, 이스라엘의 제사 제도, 이스라엘의 국가 제도, 이스라엘의 선지자, 그 모든 실패를 뒤로하고 하나님의 목적을 성취하기 위하여 내가 지금 너희 앞에 왔다. 나는 너희의 포도나무다. 내 안에 거하라"라고 말씀하시는 메시아의 음성을 듣게 됩니다.

'나는 포도나무다. 나에게 붙어 있는 자는 버림받지 않을 것이다'라는 이 말씀은 어느 날 하늘에서 뚝 떨어진 말씀이 아닙니다. 우리가 지금 살펴보고 있는 에스겔서 19장에 슬픔의 노래가 있습니다. 구약 성경에 이런 비극의 역사가 생생히 기록되어 있습니다. 그러나 그 모든 것을 외면하거나 기만하지 않으시는 주님이 계십니다. "내가 그 모든 역사의 실패를 끌어안아 모든 것을 완성하러 너희 앞에 와 있노라." 주님이 이렇게 말씀하시는 것입니다.

더 크고 아름다운 노래

주님은 우리 모두를 고귀하고 복된 자리로 이끌어 가십니다. 베드로전서 2장 9절에서 10절 말씀입니다.

> 9 그러나 너희는 택하신 족속이요 왕 같은 제사장들이요 거룩한 나라요 그의 소유가 된 백성이니 이는 너희를 어두운 데서 불러 내어 그의 기이한 빛에 들어가게 하신 이의 아름다운 덕을 선포하게 하려 하심이라 10 너희가 전에는 백성이 아니더니 이제는 하나님의 백성이요 전에는 긍휼을 얻지 못하였더니 이제는 긍휼을 얻은 자니라 (벧전 2:9-10)

'택하신 족속이라던 구약 시대의 이스라엘은 실패했다. 그들의 나라는 망했다. 그들은 하나님에게 버림받은 존재같이 되었다'라고 합니다. 그러나 완성하시는 분, 진정한 왕, 진정한 제사장, 진정한 선지자이신 예수 그리스도가 오셨다고 말합니다. 그분으로 말미암아 이방인인 '너희'도 하나님의 백성이 되었다고 합니다. 전에는 '로암미', 즉 내 백성이 아니었다고 합니다. 호세아서에 나오는 이름입니다. 그러나 이제는 '암미', 즉 너희는 내 백성이다, 너희는 내 자녀다, 라고 하나님이 예수를 통해 말씀하십니다. 그리스도로 말미암아 회복되는 그 자리, 주님의 개입하심과 일하심으로 말미암아 도달한 그 자리, 그곳에 지금 우리가 와 있습니다. 그러니 에스겔서 19장과 구약 역사에서 내내 나오는 비극과 파멸, 이스라엘이 행한 못난 짓들은 하나님의 거룩한 역사를 만들어 내는 데 방해가 되지 못합니다. 그것들이 오히려 중요한 재료로 사용된다는 것을 기억해야 합니다.

좋은 음악은 그 음악을 듣고 향유하는 이들에게 인생의 심연을 보게 하며, 인생에서 일어나는 일들을 입체적 관점으로 해석하게 만듭니다. 저는 에스겔 19장을 묵상할 때, 베토벤 교향곡 4번이 많이 떠올랐습니다. 이 곡은 시작될 때 관악기 소리가 굉장히 음울하게, 침묵에 가깝게 '부우우웅~' 하고 납니다. 그래서 '이게 정말 베토벤 음악인가? 전위적인 현대 음악인가?'라는 생각이 들 정도입니다. 약간 무섭기도 하고 침묵같이 느껴지기도 하는데, 그 음이 단조롭게 지속됩니다. 그러다가 바이올린이나 첼로 같은 현악기가 치고 들어옵니다. 그러면서 그 음울한 음조, 혹은 정적이고 침묵 같고 그래서 약간 섬뜩하기도 한 그 음조 위에, 마치 스페인이나 일본의 축제에서 사람들이 탑을 쌓아서 한 사람을 높이 들어 올리듯이 여러 악기가 내는 화음이 쌓여 베토벤

이 그려 내고자 한 깊고 아름다운 정서가 드러나는 것을 느낄 수 있습니다.

하나님이 그렇게 역사를 주관하고 계십니다. 마치 교향곡에서 여러 악기가 내는 각각의 선율이 쌓여서 경이로운 음악을 만들 듯이 이스라엘과 유다의 패역한 역사, 배반의 역사, 거부의 역사, 비참한 역사, 애가를 부를 수밖에 없는 역사를 통해 하나님은 거대한 우주 같은 교향곡을 만들고 계십니다.

우리 시대는 어떤 음조나 정감의 곡조를 연주하는 중일까요? 현시대와 교회의 현실은 결코 밝은풍이라고 생각되지 않습니다. 또 어떤 이들은 자기 인생 속에서 이런저런 이유로 악장이 바뀌어 음울하고 침묵에 가까운 부분을 연주하는 듯한 시기를 보내고 있을 것입니다. 그런데 그런 것들이 다 쌓여야 합니다. 교향곡을 듣다 보면 어떤 구간에서는 긴장이 느껴지고, 때로는 서로 맞지 않는 것같이 구성된 악기와 선율의 소리를 듣게 되기도 합니다. 하지만 음악이 흐르면 흐를수록, 이걸 만들어 내기 위해서 그렇게 구성한 거구나, 라며 작곡가나 지휘자의 의도를 깨닫고 감탄하게 될 때가 있습니다. 하나님이 그렇게 역사하십니다. 메시아로 이 땅에 오셔서 이스라엘의 역사를 완성하신 것처럼, 우리의 인격과 시선에 높음과 깊음과 성숙을 만들어 내시기 위해, 우리를 궁극적으로 완성하시기 위해 하나님이 긴장과 불협화음의 시간을 허락하신다고 이해할 수 있어야 합니다.

애가를 불러야 할 때는 애가를 불러야 합니다. 그러나 그 슬픔의 노래는 슬픔의 노래로 끝나지 않습니다. 하나님이 만들어 내시는 크고 아름다운 교향곡의 대미를 위한 재료로 사용될 것입니다. 그 사실을 기억합시다. 우리의 인생을, 이 시대를 직조하시고 지휘하시고 만들어 가시는 하나님을 향한 기대를 놓지 맙시다.

세상은 우리에게 현실 문제에 집중하라고 지나치게 강조합니다. 때로는 무신론자같이 되라고 도전하기도 합니다. 아닙니다. 현실이 아무리 암울해도 주님이 계십니다. 지휘자가 계십니다. 아무리 음울한 음조로 곡이 흘러간다고 할지라도 그 곡을 지은 작곡가가 있고, 그 곡을 이끄는 지휘자가 있습니다. 주님이 계십니다. 그 사실을 기억합시다. 그렇게 이 길을 함께 걸어가는 우리가 되기를 주님의 이름으로 권면합니다.

기도

하나님, 감사합니다. 주께서 우리를 하나님의 거룩한 교향곡의 연주자로, 어떤 경우에는 하나의 악보로, 하나의 음표로, 우리의 삶과 시간과 재능을 사용하여 주시니 감사합니다. 때로는 우리의 인생이 왜 이렇게 연주되는지, 왜 이렇게 음울한 곡조들인지, 왜 이렇게 말도 안 되는 불협화음처럼 펼쳐지는지 이해되지 않을 때가 너무나 많습니다. 앞으로 어떤 일이 펼쳐질지, 우리가 어떻게 나아가야 할지, 다음 걸음은 어떻게 내디뎌야 할지 막막할 때도 많습니다.

그러나 주님, 우리는 성경을 통해 주의 말씀을 듣습니다. 그 말씀을 통해 분명히 알게 된 것이 있습니다. 우리의 인생을 지휘하시고, 결국에는 완성하시는 주님이 계신다는 사실입니다. 그 주님의 얼굴을 구하며 나아가겠습니다. 믿음을 가질 수 없는 그 자리야말로 오히려 믿음이 요구되며, 주님을 향한 신실함이 요구되는 자리임을 기억하고, 주님을 신뢰하며 한 걸음 한 걸음 걷겠습니다. 주님, 우리의 발걸음에 힘을 더하여 주시옵소서. 우리의 주님이신 예수 그리스도의 이름으로 기도합니다. 아멘.

10

타협도 없고 포기도 없다

서정걸

30 그러므로 너는 이스라엘 족속에게 이르라 주 여호와께서 이같이 말씀하셨느니라 너희가 조상들의 풍속을 따라 너희 자신을 더럽히며 그 모든 가증한 것을 따라 행음하느냐 **31** 너희가 또 너희 아들을 화제로 삼아 불 가운데로 지나게 하며 오늘까지 너희 자신을 우상들로 말미암아 더럽히느냐 이스라엘 족속아 너희가 내게 묻기를 내가 용납하겠느냐 주 여호와의 말씀이니라 내가 나의 삶을 두고 맹세하노니 너희가 내게 묻기를 내가 용납하지 아니하리라 **32** 너희가 스스로 이르기를 우리가 이방인 곧 여러 나라 족속 같이 되어서 목석을 경배하리라 하거니와 너희 마음에 품은 것을 결코 이루지 못하리라 **33** 주 여호와의 말씀이니라 내가 나의 삶을 두고 맹세하노니 내가 능한 손과 편 팔로 분노를 쏟아 너희를 반드시 다스릴지라 **34** 능한 손과 편 팔로 분노를 쏟아 너희를 여러 나라에서 나오게 하며 너희의 흩어진 여러 지방에서 모아내고 **35** 너희를 인도하여 여러 나라 광야에 이르러 거기에서 너희를 대면하여 심판하되 **36** 내가 애굽 땅 광야에서 너희 조상들을 심판한 것 같이 너희를 심판하리라 주 여호와의 말씀이니라 **37** 내가 너희를 막대기 아래로 지나가게 하며 언약의 줄로 매려니와 **38** 너희 가운데에서 반역하는 자와 내게 범죄하는 자를 모두 제하여 버릴지라 그들을 그 머물러 살던 땅에서는 나오게 하여도 이스라엘 땅에는 들어가지 못하게 하리니 너희가 나는 여호와인 줄을 알리라 **39** 주 여호와께서 이같이 말씀하셨느니라 이스라엘 족속아 너희가 내 말을 듣지 아니하려거든 가서 각각 그 우상을 섬기라 그렇게 하려거든 이 후에 다시는 너희 예물과 너희 우상들로 내 거룩한 이름을 더럽히지 말지니라 (겔 20:30-39)

이들을 심문하라

20장 1절을 보면 일곱째 해 다섯째 달 열째 날에 '이스라엘 장로' 여럿이 여호와의 말씀을 들으려고 에스겔 앞에 앉았다는 기록으로 말씀이 시작됩니다. 그런데 약 1년 전에도 '유다의 장로들'이 에스겔을 찾아온 일이 8장에 기록되어 있었습니다. 그때 에스겔은 환상 가운데 예루살렘에서 벌어지고 있는 일들과 앞으로 일어나게 될 일들을 보고 전했습니다. 본문 말씀에서는 '이스라엘 장로'들이 에스겔에게 나왔다고 합니다. 유다의 장로들과 이스라엘의 장로들은 서로 다른 사람들이 아닐 것입니다. 8장에서 '유다의 장로'라 칭한 이유는 그들에게 전하는 메시지가 예루살렘 성전과 유다 왕국의 운명에 관한 것이었기 때문이고, 본문에서 '이스라엘 장로'라고 한 이유는 하나님의 언약 백성인 이스라엘의 역사에 관한 메시지가 주어지기 때문일 것입니다.

본문에서는 이스라엘의 장로들이 에스겔을 찾아온 이유를 분명히 밝히고 있지 않습니다. 이럴 때는 상상력을 동원해서 이들이 찾아온 이유를 생각해 볼 필요가 있습니다. 에스겔은 선지자로 부름을 받은 직후부터 약 2년간 예루살렘의 멸망을 예언해 왔습니다. 처음 1년간은 예루살렘을 대적하시는 하나님의 모습을 연기하기도 하고 이스라엘과 유다의 죄를 짊어지고 포로의 음식을 먹는 모습을 보여 주었으며 유다의 장로들이 에스겔을 찾아왔을 때는 예루살렘의 실상과 확정된 멸망에 관한 환상을 보고 포로 사회에 전했습니다. 에스겔이 전한 환상의 내용은 매우 충격적인 것이어서 그 환상이 사실이라면 당장 예루살렘이 멸망해도 이상하지 않을 정도였는데, 그로부터 다시 1년이 지난 시점입니다. 혹시 예루살렘을 멸망하겠다는 하나님의 계획에 변동이 있는 것은 아닌지 알아보기 위해서 이스라엘의 장로들이 에스겔을 찾아온 것 아닐까요.

이스라엘의 장로들이 하나님의 뜻을 묻기 위하여 에스겔을 찾아온 것을 보면, 선지자로서 에스겔의 지위가 포로 사회에서 널리 인정받고 있었다고 볼 수 있습니다. 그런데 하나님의 뜻을 묻기 위하여 찾아온 이스라엘의 장로들에게 답하시는 하나님의 모습은 매우 격앙되어 있고, 심지어 공격적이라는 사실이 놀랍습니다. 표면적으로 보면 하나님의 뜻을 묻기 위하여 선지자를 찾는 모습은 경건하다고 할 수 있습니다. 그러나 하나님은 그들의 질문에 답하지 않으시고 그 물음에 답하기를 단호하게 거절하십니다. "인자야 이스라엘 장로들에게 말하여 이르라 주 여호와께서 이렇게 말씀하셨느니라 너희가 내게 물으려고 왔느냐 내가 나의 목숨을 걸고 맹세하거니와 너희가 내게 묻기를 내가 용납하지 아니하리라 주 여호와의 말씀이니라"(겔 20:3).

하나님은 그들이 묻는 것을 용납할 수 없다고 대답하시는데, 단순한 거절이 아니라 '내가 나의 목숨을 걸고 맹세하건대, 용납지 않으리라' 하시며 그들을 향한 깊은 분노를 드러내십니다. 무엇 때문에 이토록 분노하시는 걸까요. 말씀이 이어지면서 그 실체가 분명히 드러나겠지만 결론부터 말하자면 그들이 취하고 있는 삶의 방식 때문입니다. 하나님만을 섬겨야 하는 언약 백성들이면서도 마치 바람을 피우듯 하나님도 섬기고 우상도 따르는 방식으로 살아가다가 위기나 불확실성 앞에서는 하나님의 뜻을 알고 싶다며 나와 앉아 있는 그들의 모습을 하나님이 가증스럽게 여기시는 것입니다. 그래서 하나님은 노하셨고 이런 방식으로는 관계를 지속할 수 없다고 일갈하십니다.

여호와께 물으러 나온 이스라엘의 장로들은 궁금한 내용에 대한 답을 얻지 못합니다. 마치 용한 점집을 찾아가는 마음으로 에스겔을 찾아왔으나 기대했던 미래에 대한 신탁을 얻지 못했을 뿐 아니라, 난데없이 하나님의 심한 책망과 꾸중, 심판에 대한 선언에 직면하는 처지가 됩니다. 이어서 4절을 보겠습니다. "인자야 네가 그들을 심판하려느냐 네가 그들을 심판하려느냐 너는 그들에게 그들의 조상들의 가증한 일을 알게 하여"(겔 20:4). '인자야 네가 심문을 해 보겠느냐?' 하는 이 질문은 에스겔의 의사를 물으시는 것이 아니라 심문을 하라는 수사적 표현입니다. '네가 한번 심문해 보아라! 그들을 심판대에 세워 그 조상 때부터 행한 가증한 일을 낱낱이 알게 하라!'라는 뜻입니다. 그래서 4절부터 29절까지에서는 이스라엘의 긴 역사를 훑어가며 하나님이 이스라엘의 장로들을 피고인으로 세우시고 에스겔을 내세워 그들을 친히 심문하십니다.

과거로부터 이제까지

그렇다면 이 시점에서 이스라엘의 과거사를 언급하는 일이 합당한지에 대해 생각하지 않을 수 없습니다. 왜냐하면 18장에 이런 말씀이 있었기 때문입니다. "또 여호와의 말씀이 내게 임하여 이르시되 너희가 이스라엘 땅에 관한 속담에 이르기를 아버지가 신 포도를 먹었으므로 그의 아들의 이가 시다고 함은 어찌 됨이냐"(겔 18:1-2). '아버지가 신 포도를 먹어 아들의 이가 시다'라는 속담은 당시 이스라엘 사람들의 인식을 보여 줍니다. 자신들은 큰 잘못을 저지르지 않았는데 조상들의 죄로 인하여 억울하게 고난받고 있다는 인식입니다. 이에 하나님은 각자 자기의 죄에 대하여만 책임을 질 것이라고 천명하셨습니다.

그런데 20장에서는 에스겔을 내세워 이스라엘의 역사를 되짚어가시며 범죄를 들추어내십니다. 18장 말씀을 전제로 놓고 보면 조상들이 지은 죄 때문에 지금 이스라엘 백성들을 정죄하려는 의도는 분명 아닐 것입니다. 하나님이 의도하신 바는 조상들의 죄를 지적받고도 여전히 죄를 저질러 하나님이 심판하지 않을 수 없는 역사를 이어 오면서 그 죄로부터 돌이키지 않고 조상들의 악한 죄를 답습하는 언약 백성들의 오늘을 고발하는 것입니다. 이스라엘 역사의 형성기에서부터 나라가 망하기 직전인 오늘날, 이스라엘의 장로들이 에스겔에게 나와 묻고 있는 그 시점에 이르기까지 지속적으로 이어지는 고질병을 지적하시기 위함입니다.

먼저 5절부터 9절까지에서 하나님은 출애굽 직전에 애굽 땅에서 이스라엘 백성들이 저지른 범죄를 상기시켜 줍니다. 종살이하던 이스라엘 백성을 하나님이 친히 찾아가 맹세하시며 구원을 약속하셨는데, 그들은 여전히 우상을 섬겼던 일에 대한 지적이 나옵니다. 이어서 10절부터 17절에서는 출애굽 하여 광야에 이르렀을 때 저지른 죄를, 18절부터 26절에서는 광야에서 태어난 그다음 세대의 범죄를, 마지막으로 27절부터 29절에서는 가나안 땅에 들어와 정착한 이래로 오늘에 이르기까지의 죄를 고발합니다.

이 말씀들 속에서 독자들은 각 세대에서 비슷하게 반복, 순환되는 흐름을 감지하게 됩니다. 먼저 5절에서 7절을 보겠습니다.

5 이르라 주 여호와께서 이같이 말씀하셨느니라 옛날에 내가 이스라엘을 택하고 야곱 집의 후예를 향하여 내 손을 들어 맹세하고 애굽 땅에서 그들에게 나타나 맹

세하여 이르기를 나는 여호와 너희 하나님이라 하였노라 6 그 날에 내가 내 손을 들어 그들에게 맹세하기를 애굽 땅에서 인도하여 내어 그들을 위하여 찾아 두었던 땅 곧 젖과 꿀이 흐르는 땅이요 모든 땅 중의 아름다운 곳에 이르게 하리라 하고 7 또 그들에게 이르기를 너희는 눈을 끄는 바 가증한 것을 각기 버리고 애굽의 우상들로 말미암아 스스로 더럽히지 말라 나는 여호와 너희 하나님이니라 하였으나 (겔 20 : 5-7)

언제나 먼저 찾아가시는 분은 하나님이십니다. 은혜로 이스라엘 백성을 찾아오셔서 구원을 약속하시고 그들에게 좋은 땅을 주겠다고 말씀하시며 그렇게 하는 근거는 조상들과 맺은 언약을 기억하기 때문이라고 하십니다. 애굽에서 종노릇하며 고통 속에 살고 있던 이스라엘 백성들을 귀한 존재로 여기시며 그들을 향한 선한 계획을 알려 주십니다. 그리고 나서야 비로소 이스라엘 백성들에게도 언약에 신실할 것을 명하십니다. 이 모든 일이 언약을 근거로 하여 일어나는 일이니 언약의 당사자로 부름을 받은 이스라엘 백성들에게도 책임이 요구되는 것은 마땅합니다. '너희는 눈을 끄는 바 가증한 것을 각기 버리고 애굽의 우상들로 말미암아 스스로 더럽히지 말라 나는 여호와 너희 하나님이니라'(7절).

그런데 이스라엘 백성은 여전히 불순종합니다. 8절을 보면 '그들이 내게 반역하여 내 말을 즐겨 듣지 아니하고 그들의 눈을 끄는 바 가증한 것을 각기 버리지 아니하며 애굽의 우상들을 떠나지 아니하므로' 하나님이 진노하시고 이스라엘은 위기에 처합니다. 하지만 하나님은 분노를 누그러뜨리시고 약속대로 이스라엘 백성을 애굽에서 건져 내십니다. 그 이유를 9절에서 말씀하십니다. "그러나 내가 그들이 거주하는 이방인의 눈 앞에서 그들에게 나타나 그들을 애굽 땅에서 인도하여 내었나니 이는 내 이름을 위함이라 내 이름을 그 이방인의 눈 앞에서 더럽히지 아니하려고 행하였음이라." 그들이 하나님을 거역하여 멸망을 자초했음에도 불구하고, 하나님은 언약으로 인하여 그들과 묶여 있는 당신의 명예를 위하여 그들을 멸망시키지 않으시고 그다음 역사를 이어 가십니다. 이는 애굽에서만 있었던 특별한 일이 아니라 이스라엘 역사 내내 이어지며 순환되는 일입니다. '은혜로 찾아오심―언약을 상기시키심―신실함을 요구하심―이스라엘의 불순종―하나님의 진노―참으시고 구원하심.' 이런 순환의 형태로 이스라엘의 역사가 이어집니다. 그들이 망하지 않은 단 하나의 이유가 있다면 하나님이 은혜로우시기 때문이며, 하나님이 그들과 당신을 묶어 그들에게 당신의 이름을 거셨기 때문입니다.

지금 이 장면에서 에스겔은 교사나 조언자가 아니라 그들의 죄를 드러내어 고발하는 검사입니다. 재판의 상황이고 하나님이 원고로 자리하십니다. 피고인 이스라엘의 장로들에게, 그들은 조상 대로부터 은혜와 호의로 그들과 언약을 맺어 주신 여호와 하나님을 끊임없이 거슬러서 하나님의 분노를 자아내어 몇 번이고 멸망을 자초했던 민족이지만 '내 이름을 위하여' 그렇게 하지 않으셨다는 하나님의 말씀이 이어집니다. 하나님이 수없이 참으셔서 이스라엘이 멸망하지 않고 역사를 이어 왔다는 사실을 되짚어 볼수록, 그 조상들과 다를 바 없이 지금도 하나님의 분노를 자아내고 있는 이스라엘 백성의 죄가 얼마나 큰 것인지 더욱 날카롭게 지적됩니다. 이스라엘이 망하지 않고 역사를 이어 올 수 있었던 것은 예루살렘이 건재했기 때문도, 다윗 왕조가 이어졌기 때문도, 성전이 있었기 때문도 아닙니다. 하나님과 언약으로 묶여 있었기 때문입니다. 그래서 이어져 온 역사였다는 것이 이 단락의 핵심입니다.

적당히 타협할 수 없다

29절에 이르기까지 조상들의 범죄를 고발해 오던 에스겔은 30절에서부터 초점을 바꾸어 여호와께 묻기 위해 나온 이스라엘의 장로들, 즉 오늘의 언약 백성을 고발합니다. 이스라엘 백성들은 자조적으로 '조상들이 신 포도를 먹어서 우리의 이가 시다'라고 하지만 하나님은 조상들의 행실을 답습하고 있는 그들의 모습을 고발하십니다. 그들도 조상들과 똑같이 우상을 숭배하므로 간음했고, 이방인을 동경하여 하나님이 원하시는 삶의 방식을 따르지 않았습니다. 그러면서도 한편으로는 짐짓 경건한 체하며 하나님에게 묻는답시고 에스겔 앞에 나와 앉았는데 이를 다 알고 계시는 하나님이 그들을 용납할 수 있겠습니까. 하나님은 '너희는 마음에 품은 것을 결코 이루지 못하리라' 단언하십니다.

이스라엘의 역사 내내 반복됐던 죄, 그리고 지금도 여전한 그들의 죄를 지적받은 이스라엘 백성들은 어떤 생각을 했을까요.

그들 중 회개하고 돌이킨 이들도 없지 않았겠으나 조상들의 역사가 그러했듯이 이번에도 하나님이 적당한 선에서 심판을 유보하시리라는 막연한 기대를 가졌던 사람들도 적지 않았을 것입니다. 그들이 시내 산 아래에서 금송아지를 만들고, 가데스바네아에서 가나안 땅에 들어가기를 거부하고 애굽으로 돌아가겠다 했을 때도 그들을 용서하신 하나님이셨고, 왕국이 세워진 이래로 계속 우상 숭배의 문제가 지적되어 왔음에도 지금껏 망하지 않았으니 말입니다.

본문 말씀은 그런 안이한 생각에 젖어 있는 언약 백성을 향한 하나님 편에서의 선전 포고입니다. 죄를 조금 저질렀다고 하나님이 우리를 버리실 리 없다고 생각하며 막연한 희망을 품고 살아가는 언약 백성들을 향하여, 적당한 선에서 타협하는 일은 결코 없을 것이라는 하나님의 단호한 말씀이 들립니다.

> 32 너희가 스스로 이르기를 우리가 이방인 곧 여러 나라 족속 같이 되어서 목석을 경배하리라 하거니와 너희 마음에 품은 것을 결코 이루지 못하리라 33 주 여호와의 말씀이니라 내가 나의 삶을 두고 맹세하노니 내가 능한 손과 편 팔로 분노를 쏟아 너희를 반드시 다스릴지라 (겔 20:32-33)

'너희 마음에 품은 것을 결코 이루지 못하리라', '내가 능한 손과 편 팔로 분노를 쏟아 너희를 반드시 다스릴지라'라는 말씀들에서 절대로 물러서지 않겠다는 하나님의 확고한 의지가 천명되어 있습니다. 사실 하나님 편에서 편한 방식은 이스라엘 백성들을 그냥 내버려 두어 망하게 하고 유기하는 것입니다. 그들을 버리고 다른 새 민족을 일으켜 이스라엘은 거듭 실패하고 하나님은 분노하시는 역사가 아닌, 새로운 역사를 만들어 가실 수도 있습니다. 그러나 이스라엘 역사 내내 그러하셨듯이 하나님은 포기하지 않으십니다. 여호와라는 당신의 거룩한 이름을 이스라엘과 언약으로 친히 묶으셨기 때문입니다. 언약이란 서로가 서로에게 묶여 하나가 되는 것입니다. 그래서 끝없는 이스라엘의 범죄에도 불구하고 하나님은 포기하지 않으시고 그들과 묶여 있는 역사를 이어 가시며 결국에는 당신의 뜻을 관철하십니다. 만일 이스라엘 백성들이 끝끝내 하나님의 뜻을 거부한다면 그들을 모두 잘라 내 버리는 한이 있더라도 타협하지 않고 언약을 성취해 나아가겠다는 것이 하나님의 의지입니다.

> **34** 능한 손과 편 팔로 분노를 쏟아 너희를 여러 나라에서 나오게 하며 너희의 흩어진 여러 지방에서 모아내고 **35** 너희를 인도하여 여러 나라 광야에 이르러 거기에서 너희를 대면하여 심판하되 **36** 내가 애굽 땅 광야에서 너희 조상들을 심판한 것 같이 너희를 심판하리라 주 여호와의 말씀이니라 (겔 20 : 34 - 36)

애굽 땅 광야에서 있었던 심판은 무엇입니까. 출애굽을 경험했던 첫 세대가 하나님을 신뢰하지 않았기 때문에 광야에서 모두 죽었습니다. 오직 하나님을 신실하게 붙들었던 여호수아와 갈렙 외에 출애굽 한 첫 세대들은 단 한 사람도 가나안 땅에 들어가지 못했습니다. 하나님의 심판이 얼마나 엄정한 것인지를, 그리고 하나님은 적당한 선에서 타협하고 뜻을 양보하는 분이 아님을 출애굽 역사를 통하여 상기시켜 주십니다. 그러니 지금 여기 잡혀 온 포로들의 삶 속에서도 타협은 없을 것입니다. 하나님은 물러서지 않으십니다. 그들이 여전히 우상을 섬기고자 한다면 그럴 수 있겠지만, 하나님은 타협하지 않으시니 그들은 결국 죽음을 면치 못합니다. 만일 만 명이 있는 가운데 구천구백구십구 명이 우상을 숭배하고 이방인처럼 살고자 하면 하나님은 그렇지 않은 한 명만 살려서라도 타협하거나 포기하지 않으시고 언약의 목적을 이루어 가실 것입니다. 여호와 하나님이라는 이름은 바로 그런 뜻입니다.

그러니 본문 말씀은 선택을 요구합니다. 하나님은 타협을 모르는 분이시니 막연한 낙관과 기대를 버리고 온 맘으로 주의 뜻을 따르고, 온몸을 바쳐 언약에 신실하라고 말씀합니다. 그렇지 않으면 하나님의 진노에 직면하게 될 것이라고 이스라엘 백성에게 도전합니다. 사실 구약 역사를 보면 심판이 가혹하게 선언되더라도 정작 하나님이 심판을 시행하실 때에는 언제나 용서와 긍휼을 베푸셨습니다. 금송아지 사건 때도, 가데스바네아에서의 반역 사건 때도 그들을 아주 진멸하지는 않으셨습니다. '내 이름을 위하여' 그리하셨습니다. 그러나 하나님은 역사를 되짚으시며 적당한 타협이란 없었음을 분명히 하십니다. 그들 중에 살아서 가나안 땅에 들어간 사람은 언약에 신실했던 여호수아와 갈렙뿐이었습니다. 나머지는 모두 엄정한 심판 속에 광야를 전전하다 약속의 땅에 들어가지 못하고 죽었습니다. 하나님은 뜻을 굽히거나 타협하는 법이 없으십니다.

마음을 다오

하나님은 당신의 이름을 위하여 반드시 그 뜻하신 바를 이루십니다. 여기서 하나님의 이름이란 명예를 의미하는 것이 아닙니다. 하나님은 평판을 걱정하지 않으십니다. 여기서 이름이란 명예나 평판 같은 것이 아니라 본질입니다. 출애굽기 3장을 보겠습니다.

> 13 모세가 하나님께 아뢰되 내가 이스라엘 자손에게 가서 이르기를 너희의 조상의 하나님이 나를 너희에게 보내셨다 하면 그들이 내게 묻기를 그의 이름이 무엇이냐 하리니 내가 무엇이라고 그들에게 말하리이까 14 하나님이 모세에게 이르시되 나는 스스로 있는 자이니라 또 이르시되 너는 이스라엘 자손에게 이같이 이르기를 스스로 있는 자가 나를 너희에게 보내셨다 하라 (출 3:13-14)

하나님은 스스로 있는 분입니다. 하나님의 존재와 본질은 다른 것의 영향을 받아 이리저리 흔들리거나 변하는 법이 없습니다. 그러니 하나님은 어떤 상황, 어떤 조건 속에서도 당신의 뜻을 이루어 가십니다. 그런데 말씀을 이렇게 더 이어 가십니다.

> 15 하나님이 또 모세에게 이르시되 너는 이스라엘 자손에게 이같이 이르기를 너희 조상의 하나님 여호와 곧 아브라함의 하나님, 이삭의 하나님, 야곱의 하나님께

서 나를 너희에게 보내셨다 하라 이는 나의 영원한 이름이요 대대로 기억할 나의 칭호니라 (출 3 : 15)

스스로 계시며 그 어떤 것으로부터도 영향을 받거나 흔들리는 법이 없는 하나님이시지만 아브라함에게 나타나셔서 언약을 맺고 그와 묶이셨으며, 그래서 그 아들 이삭과 야곱의 하나님이 되시고, 변덕스럽고 무력하며 고집 센 인간들과 당신을 묶으십니다. 절대 변치 않는 분이시지만 또한 기꺼이 스스로를 족장들과 묶으신 하나님, 그분이 바로 이스라엘의 하나님이십니다.

그러니 하나님의 이 양면을 다 알아야 합니다. 하나님은 타협하지도 포기하지도 않으시지만, 여전히 이스라엘과 묶여 있는 언약의 주이십니다. 그래서 바로 그 이스라엘을 통하여 당신의 뜻을 이루셔야만 합니다. 하나님의 본질은 변하지 않기 때문입니다. 하나님은 끝까지 이스라엘을 붙들고 그들과 함께 가십니다. 그들이 범죄하면 그로 말미암아 아파하시고 분노하시면서도, 그들의 조상과 맺은 언약을 기억하셔서 이스라엘을 통하여 천하 만민을 복되게 하시는 일을 멈추지 않으시고, 그들을 통하여 하나님의 백성과 하나님의 통치를 세상 사람들 앞에 펼쳐 보이겠다는 의지를 꺾지 않으십니다.

하나님이 그러한 분이시기에 본문의 이스라엘 백성들이 그랬던 것처럼 우리도 포기할 수 없는 길을 요구받습니다. 적당히 타협할 수도 없습니다. 세상 사람들처럼 힘을 갖고 싶다는 어리광은 통하지 않습니다. 하나님은 당신의 백성을 세상이 모르는 길로 인도하십니다. 힘을 가져 형통하게 되는 길이 아니라 하나님과 더불어 이기는 길을 가도록 우리를 세상에 부르셨습니다.

우리가 부르는 찬양을 생각해 보면 좋겠습니다. '주의 약속이 아득하여도 나의 자리를 힘써 지키리. 주의 마음에 합한 자 되어 그 길 기꺼이 나 걷게 하소서. 주의 계획은 성실하시니 나의 고백을 온전케 하네. 주의 나라가 세워짐을 바라며 모든 것 기꺼이 주께 드리네.' 하나님이 우리에게 이 길을 걷도록 하십니다. 이 길이 아닌 다른 길로 가려고 타협하는 것을 내버려 두지 않으십니다.

우리는 하나님의 마음에 합한 자가 되기보다는 힘을 가진 자가 되고 싶습니다. 세상이 그런 사람을 원하는 곳이고 우리도 이 문화에 젖어 있어 힘을 가치 기준으로 생각하기 때문입니다. 심지어 내가 힘을 갖는 것이 하나님에게도 이로울 줄로 생각합니다. 그래서 하나님에게 힘을 달라고, 권세를 달라고 요구하며 거래를 시도합니다. 그러나 하나님은 우리에게 마음을 달라 하십니다. 사랑을 요구하십니다. 그것이 하나님이 타협하지 않고 끈질기게 요구하시는 것입니다. 우상 숭배란 결국 신적 존재에게 투영한 자기의 욕심입니다. 욕심에 이끌려 사는 존재는 하나님이 목적하신 존재가 아닙니다. 하나님은 우리가 사랑하는 존재가 되길 원하십니다. 하나님의 마음과 뜻을 알아 기꺼이 자기 삶을 드리는 존재가 되기를 원하십니다. 우리가 예수를 닮은 그런 존재가 되기까지 하나님은 타협할 생각이 전혀 없으십니다. 죄인 된 언약 백성이 그 길을 거부하고 가지 못하니 하나님은 독생

자를 보내셔서 그에게 십자가를 지워서라도 그 뜻을 포기하지 않으셨습니다. 하나님이 하신 일이고, 하나님이 타협하지 않고 걸으신 길입니다.

하나님에게 무엇을 드리고 싶습니까. 많은 연봉을 받아 거한 십일조를 드리기 원하십니까. 많은 사람에게 인정받아 우리 교회와 하나님의 이름을 드높이고 싶으십니까. 하나님은 그 어떤 도움도 필요치 않으신 분입니다. 그래서 하나님은 우리의 능력이나 힘이 아니라 우리의 마음을 요구하십니다.

다시 에스겔 본문으로 돌아와 40절 말씀을 보겠습니다.

> 40 주 여호와의 말씀이니라 이스라엘 온 족속이 그 땅에 있어서 내 거룩한 산 곧 이스라엘의 높은 산에서 다 나를 섬기리니 거기에서 내가 그들을 기쁘게 받을지라 거기에서 너희 예물과 너희가 드리는 첫 열매와 너희 모든 성물을 요구하리라 41 내가 너희를 인도하여 여러 나라 가운데에서 나오게 하고 너희가 흩어진 여러 민족 가운데에서 모아 낼 때에 내가 너희를 향기로 받고 내가 또 너희로 말미암아 내 거룩함을 여러 나라의 목전에서 나타낼 것이며 42 내가 내 손을 들어 너희 조상들에게 주기로 맹세한 땅 곧 이스라엘 땅으로 너희를 인도하여 들일 때에 너희는 내가 여호와인 줄 알고 43 거기에서 너희의 길과 스스로 더럽힌 모든 행위를 기억하고 이미 행한 모든 악으로 말미암아 스스로 미워하리라 44 이스라엘 족속아 내가 너희의 악한 길과 더러운 행위대로 하지 아니하고 내 이름을 위하여 행한 후에야 내가 여호와인 줄 너희가 알리라 주 여호와의 말씀이니라 (겔 20 : 40 - 44)

바로 앞 구절에서 '너희 우상들로 내 거룩한 이름을 더럽히지 말라' 하신 후에 이어진 말씀입니다. 당시의 이스라엘 백성에게 주신 말씀이자 오늘 우리에게 주시는 말씀입니다. 다른 길, 제삼의 길은 없습니다. 결국 하나님이 원하시는 거룩과 경건을 좇아가게 하십니다. 이 일에 타협은 없다고 하십니다. 이것은 위로인 동시에 큰 부담입니다. 우리는 사실 편안하고 싶고, 그래서 늘 권력과 인정을 원합니다. 그러나 하나님이 원하시는 길은 우리의 본성이 지향하는 곳에 있지 않습니다. 하나님은 우리가 사랑하는 길, 하나님을 사랑해서 하나님이 사랑하시는 이웃들까지 사랑하는 길을 걸어 우리가 사랑하는 존재가 되는 것, 하나님을 닮는 것, 이것이 하나님이 타협하지 않고 목적하시는 길입니다. 하나님이 요구하시는 이 길을 기꺼이 따라 걷는 우리의 하루하루가 되기를 바랍니다.

기도

하나님 아버지, 감사합니다. 타협하지 않으시는 하나님의 엄정하신 말씀 앞에 우리가 우리 자신을 세워 봅니다. 우리가 추구하고 우리가 귀 기울이는 것이 하나님의 뜻과 어떤 부분에서 빗겨나가 있는지 다시 한번 하나님의 말씀 앞에 우리의 모습을 세워 봅니다. 하나님이 의도하신, 하나님이 뜻하신, 하나님의 백성다워지는 길로 걸어가기를 원합니다. 하나님의 사랑과 성품을 본받기를 원합니다. 우리의 마음 가운데 성령으로 임재하셔서 하나님의 뜻을 깨닫는 역사가 있게 하여 주시고, 하나님의 뜻을 깨달은 대로 살아 보는 몸부림이 있게 하여 주시옵소서. 그렇게 살아갈 때 하나님이 도우시고 함께하시는 은혜들을 누리고 경험하며 고백하는 우리가 되게 하여 주시옵소서. 예수님의 이름으로 기도합니다. 아멘.

공포와 약탈을 당하는 자리

윤철규

36 여호와께서 또 내게 이르시되 인자야 네가 오홀라와 오홀리바를 심판하려느냐 그러면 그 가증한 일을 그들에게 말하라 37 그들이 행음하였으며 피를 손에 묻혔으며 또 그 우상과 행음하며 내게 낳아 준 자식들을 우상을 위하여 화제로 살랐으며 38 이 외에도 그들이 내게 행한 것이 있나니 당일에 내 성소를 더럽히며 내 안식일을 범하였도다 39 그들이 자녀를 죽여 그 우상에게 드린 그 날에 내 성소에 들어와서 더럽혔으되 그들이 내 성전 가운데에서 그렇게 행하였으며 40 또 사절을 먼 곳에 보내 사람을 불러오게 하고 그들이 오매 그들을 위하여 목욕하며 눈썹을 그리며 스스로 단장하고 41 화려한 자리에 앉아 앞에 상을 차리고 내 향과 기름을 그 위에 놓고 42 그 무리와 편히 지껄이고 즐겼으며 또 광야에서 잡류와 술 취한 사람을 청하여 오매 그들이 팔찌를 그 손목에 끼우고 아름다운 관을 그 머리에 씌웠도다 43 내가 음행으로 쇠한 여인을 가리켜 말하노라 그가 그래도 그들과 피차 행음하는도다 44 그들이 그에게 나오기를 기생에게 나옴 같이 음란한 여인 오홀라와 오홀리바에게 나왔은즉 45 의인이 간통한 여자들을 재판함 같이 재판하며 피를 흘린 여인을 재판함 같이 재판하리니 그들은 간통한 여자들이요 또 피가 그 손에 묻었음이라 46 주 여호와께서 이같이 말씀하셨느니라 그들에게 무리를 올려 보내 그들이 공포와 약탈을 당하게 하라 47 무리가 그들을 돌로 치며 칼로 죽이고 그 자녀도 죽이며 그 집들을 불사르리라 48 이같이 내가 이 땅에서 음란을 그치게 한즉 모든 여인이 정신이 깨어 너희 음행을 본받지 아니하리라 49 그들이 너희 음란으로 너희에게 보응한즉 너희가 모든 우상을 위하던 죄를 담당할지라 내가 주 여호와인 줄을 너희가 알리라 하시니라 (겔 23:36-49)

쉽지 않은 구약 이해

에스겔 23장에는 두 여인의 이름이 나옵니다. 한 명의 이름은 '오홀라'이고 또 한 명의 이름은 '오홀리바'인데 오홀라는 북 이스라엘을 지칭하는 말이고 오홀리바는 남 유다를 지칭하는 말입니다. 오홀라는 '여자의 성소' 또는 '그 여자의 장막'이라는 뜻입니다. 오홀리바는 '나의 성소(장막)가 그 여자의 안에 있다'라는 뜻입니다.

23장은 16장과 마찬가지로 하나님과의 관계에서 이스라엘과 유다를 남녀 사이의 정절을 지키지 못한 부당하고 음란한 여인에 비유하여 비판하는 내용입니다. 이 대목에는 현대인인 우리가 봐도 성(性)에 관련된 불편한 표현들이 많습니다. 그런데 성을 남녀 사이에 가장 긴밀하고 내밀하게 친밀감을 나누는 근거이자 도구라고 생각한다면 왜 이런 표현들이 사용되었는지 이해가 갑니다. 하나님과 이스라엘의 관계가 단지 제의적이거나 형식적이거나 문서에 기록된 외적 조건으로만 묶여 있지 않다는 사실을 보여 주기 때문입니다. 하나님이 이스라엘에 요구하는 신앙의 내용은 하나님과 늘 긴밀한 관계를 지향하는 것이라는 사실을 떠올려 보면, 이런 성적 표현들이 적합하게 사용되어 있다고 생각해 볼 만합니다.

에스겔 23장은 20장 후반부에서부터 쭉 이어지는 내용입니다. 많은 비유를 사용해서 이스라엘과 유다와 예루살렘의 멸망을 묘사하고 있습니다. 그렇게 멸망당하는 이유도 다시 한번 이야기하고 있습니다. 사실, 구약 성경은 어떤 면에서 매우 무겁게 느껴집니다. 다루고 있는 주제가 일상적이거나 가볍지 않기 때문입니다. 또한 신약에서 분명하게 드러나는 예수 그리스도로 말미암는 구원이 제시되기 전까지 그 일을 기다려야만 하는 오랜 시간의 내용이기 때문입니다. 게다가 구약 성경 대부분이 이스라엘과 유다가 죄지은 이야기, 망하는 이야기, 포로로 잡혀가는 이야기로 가득한데, 왜 이렇게 반복이 많은가 싶습니다. 한두 장이면 끝낼 수 있는 이야기인 것 같은데 많은 분량을 할애하여 반복을 통해 묘사합니다. 이렇게 길고 긴 역사 이야기, 그리고 선지자들의 반복되는 지적들을 이해하기가 쉽지 않기에 구약 성경 자체가 무겁게 다가오곤 합니다.

거룩함을 나타내는 히브리어의 '카보트'라는 말은 '무겁다'라는 뜻이기도 합니다. 하나님의 거룩하심은 단지 하나의 명제나 문장으로 툭 하고 주어지는 것이 아니라 이스라엘의 긴 역사 안에 담겨 있다는 사실을 기억할 필요가 있습니다. 그 긴 역사와 그에 따른 무게감을 체감하기 위해서 우리는 선지서에 반복해서 나오는 이스라엘과 유다의 죄와 멸망에 대한 이야기를 꼼꼼히 읽을 필요가 있습니다.

다니엘 바렌보임이라고 하는 유명한 피아노 연주자이자 지휘자가 있습니다. 이 사람은 유대인인데 팔레스타인 출신의 에드워드 사이드라는 학자와 여러 번 대담을 했습니다. 한번은 그들이 클래식 음악의 가장 큰 조건 중 하나는 지루해야 한다고 한 적이 있습니다. 클래식은 기본적으로 지루하고 반복이 많아야 한다는 것입니다. 왜 그럴까요. 클래식은 어느 정도 길이의 시간이 있어야만 담을 수 있는 내용이 있다는 것입니다.

요즘 유행하는 노래들은 그 길이가 한 곡당 보통 3분에서 5분 사이입니다. 그런 음악들을 들어 보면 빨리 결말을 내고 싶어 하는 것 같습니다. 전주에서부터, 혹은 첫 소절 하나만으로도 감동을 자아내려고 합니다. 우리는 이런 곡을 생산하고 소비하는 문화 속에서 살아가고 있습니다. 그러니 에스겔서 내용처럼 반복되는 이야기, 긴 호흡이 요구되는 이야기는 귀에 잘 들어오지 않는 것이 당연하다고 할 수 있습니다. 그런데도 이런 내용을 가지고 설교를 하려는 데에는 시류에 영합할 수 없다는 마음도 있지만, 이 이야기는 하나님의 말씀으로 그 당시 이스라엘과 유다의 귀에 들려졌고, 여전히 우리도 들어야 하는 말씀이기 때문입니다.

비유로 말하는 자

에스겔서 20장 후반부를 보면 당시 에스겔은 이런 비난을 받았던 것 같습니다. 20장 49절을 봅시다.

> **49** 내가 이르되 아하 주 여호와여 그들이 나를 가리켜 말하기를 그는 비유로 말하는 자가 아니냐 하나이다 하니라 (겔 20:49)

에스겔은 당시 그의 이야기를 들었던 사람들로부터 '그는 비유로 말하는 사람이 아니냐?'라는 평을 받았습니다. 현실성이 없고 허황한 이야기를 전한다는 비난이 깔린 말입니다. 실제로 에스겔의 말에는 환상과 비유가 굉장히 많이 섞여 있습니다. 20장 45절에서 49절까지의 내용도 하나의 비유입니다. 남쪽의 숲을 쳐서 예언해라, 그러면 그 숲에서 불이 일어나서 다 태울 것이다, 라며 유다의 멸망에 대해 숲이 온통 타 버리는 일과 같을 거라고 표현합니다.

여기서 우리가 기억해야 할 표현이 하나 있습니다. 47절을 봅시다.

> **47** 남쪽의 숲에게 이르기를 여호와의 말씀을 들을지어다 주 여호와께서 이같이 말씀하셨느니라 내가 너의 가운데에 불을 일으켜 모든 푸른 나무와 모든 마른 나

> 무를 없애리니 맹렬한 불꽃이 꺼지지 아니하고 남에서 북까지 모든 얼굴이 그슬릴지라 (겔 20 : 47)

남에서 북까지, 즉 유다에서 이스라엘 전 지역의 언약 백성에게 주어진 모든 땅이 불탈 거라는 말씀입니다. 그런데 마른 나무뿐만 아니라 푸른 나무도 없어질 것이라고 하십니다. 에스겔서의 맥락에서 마른 나무는 악인을 의미합니다. 푸른 나무는 의인입니다. 심판으로 악인만 형벌을 받는 것이 아니라 의인도 같은 처지에 놓이게 될 것이라는 말씀입니다.

이 대목은 에스겔 20장 1절에서 에스겔을 찾아온 장로들에게 에스겔이 하는 긴 답변 중 일부분입니다. 장로들은 '우리는 언제 예루살렘으로 돌아갈 수 있을까요?'라고 묻고 싶었을 것입니다. 그러나 에스겔은 그에 관한 이야기는 하지 않은 채 "숲에서 큰불이 일어나면 마른 나무든 푸른 나무든 다 타 버리듯이 우리는 그런 종말을 맞이하게 될 것이다"라는 무시무시한 이야기를 합니다.

그런데 이런 에스겔의 이야기가 듣는 사람들에게 비유로 들려오는 이유는 무엇일까요? 전하고자 하는 내용을 수치나 도표로 정리하여 설명한 것이 아니라 문학적 표현을 사용했기 때문이기도 하지만, 듣는 사람의 이상과 기대가 말하는 사람의 이상과 기대와 달라서 이해할 수 없는 말로 들렸기 때문입니다. 같은 단어와 같은 문장이라고 해도 누가 그 문장을 사용하느냐에 따라, 어떤 맥락에서 사용하느냐에 따라 의미가 달라집니다. 아이들이 말을 배우면서 가장 먼저 하는 말 중 하나는 '내가 여기에 있다'라는 말입니다. 일곱 살짜리 아이가 화장실에서 "아빠, 나, 여기에 있어"라고 하는 말과 떠나려는 연인을 붙잡기 위해서 연인의 집 앞에서 비를 맞으며 카톡으로 '나, 여기에 있어'라고 하는 말은 그 의미와 무게가 크게 다릅니다. 마찬가지로 모두 다 알 만한 비유를 사용하고 있고, 모두가 이해할 수 있는 단어를 사용하고 있지만, 에스겔이 보는 것과 에스겔에게 답을 듣기 위해 찾아온 사람들이 보는 것 사이에는 굉장한 차이가 있는 것 같습니다.

이스라엘의 적이신 하나님

에스겔서 20장 45절에서 49절의 내용과 21장 1절에서 7절의 내용은 마치 데칼코마니 같은 대칭 구조로 이루어져 있습니다. 특히 외국어 성경에서 이런 사실을 확인할 수 있습니다. 영어로 번역된 성경들은 대부분 우리말 성경처럼 45절에서 49절이 20장에 포함되어 있습니다. 그런데 독일어권에서 나온 성경들을 보면 45절에서 49절이 21장에 포함되어 있습니다. 아마 각기 다른 사본들을 참조하기 때문에 그런 차이가 발생하는 것 같습니다.

아무튼 20장 45절에서 21장 7절까지의 구절들은 같은 주제를 담고 있습니다. 이 내용은 23장까지 쭉 이어집니다. 조금 더 구체적으로 살펴보겠습니다. 20장 후반부에서는 숲에 불이 일어나서 다 망할 거라고 합니다. 그리고 21장 1절에서 17절까지에는 여호와의 칼이라는 주제가 나옵니다. 이것이 어떻게 표현되어 있는지 9절과 10절을 통해 확인하겠습니다.

9 인자야 너는 예언하여 여호와의 말씀을 이같이 말하라 칼이여 칼이여 날카롭고도 빛나도다 10 그 칼이 날카로움은 죽임을 위함이요 빛남은 번개 같이 되기 위함이니 우리가 즐거워하겠느냐 내 아들의 규가 모든 나무를 업신여기는도다 (겔 21:9-10)

주님이 지금 에스겔에게 들려주시고, 에스겔을 통해 유다에게 선포하시는 이 말씀이 이스라엘에 마치 칼처럼 임할 것이라고 합니다. 말씀이 그들을 죽이기 위한 칼이 될 것이다, 이 말씀은 흩어지지 않는다, 그 목적을 상실하지도 않는다, 그들을 진멸하는 일을 반드시 이루고 말 것이다, 라고 합니다. 신약에 '하나님의 말씀은 살아 있고 활력이 있어 좌우에 날선 어떤 검보다도 예리하여'(히 4:12)라는 말씀이 있습니다. 이 구절은 지금 우리가 다루고 있는 구약의 구절들을 염두에 두어야 보다 잘 이해할 수 있습니다. 하나님의 말씀은 우리를 죽일 수 있는 칼이며 우리의 모든 죄 된 속성들을 파괴한다는 것을 유념해야 합니다. 에스겔 21장 14절을 보겠습니다.

14 그러므로 인자야 너는 예언하며 손뼉을 쳐서 칼로 두세 번 거듭 쓰이게 하라 이 칼은 죽이는 칼이라 사람들을 둘러싸고 죽이는 큰 칼이로다 (겔 21:14)

하나님은 이렇게 말씀하시면서 한 번 더 여호와의 칼, 즉 하나님의 말씀이 유다에게 얼마나 무섭게 임할 것인지 선포하십니다. 여기서 손뼉을 치는 것은 응원하는 의미가 아닙니다. 이 당시 문화에서는 조롱하는 의미입니다. 서구 문화권에서는 누구를 욕할 때 가운뎃손가락을 듭니다. 여기서 손뼉을 친다는 것은 그런 식의 조롱과 비난을 의미합니다. 그런데 하나님이 다른 이들도 아니고 당신의 백성이 멸망하는 일에 손뼉을 치며 조롱하실까요? "나도 내 손뼉을 치며 내 분노를 다 풀리로다 나 여호와가 말하였노라"(겔 21:17).

이런 하나님의 칼은 바벨론의 왕으로 구체화된다고 이야기합니다. "인자야 너는 바벨론 왕의 칼이 올 두 길을 한 땅에서 나오도록 그리되 곧 성으로 들어가는 길 어귀에다가 길이 나뉘는 지시표를 하여"(겔 21:19). 여기서 '바벨론 왕의 칼'이라는 것은 바벨론의 왕이 들고 있는 칼을 의미하는 것이 아니라 바벨론 왕의 군대를 통해서 유다와 예루살렘이 패망할 것을 의미합니다.

이 대목을 보면 하나님은 유다 편이 아닌 것같이 여겨집니다. 어떻게 하나님이 이러실 수 있을까요? 하나님이 에스겔에게 이런 일을 시키십니다. "너는 가시 바벨론 왕의 군내들이 오는 지점에다가 선 두 개를 그어라. 그래서 한쪽은 예루살렘으로 가는 길, 한쪽은 암몬족에게 가는 길을 표시해 두어라." 당시 암몬 족속도 주변 국가들을 규합해서 적극적으로 바벨론에 대항해 반역을 꾀했던 세력이었기 때문에 바벨론 왕의 처지에서는 반드시 정벌해야 하는 대상이었습니다. 군대를 이끌고 온 바벨론의 왕이 에스겔이 그린 분기점에 서서 유다를 먼저 쳐야 할지, 암몬을 먼저 쳐야 할지 결정하기 위해 점을 칩니다. 화살을 흔들고, 짐승의 간을 살핍니다. 점괘가 어떻게 나올 거라고 하십니까? 그들이 예루살렘으로 가게 될 것이라고 합니다. 예루살렘에 있는 이들은 그 점괘가 틀렸다고 생각하겠지만, 그 점괘야말로 예루살렘이 심판받을 것을 선명하게 말하고 있습니다. 이런 대목을 읽다 보면 하나님이 매우 적극적으로 자기 백성을 치는 일에 가담하시는 것처럼 보입니다. 마치 가장이 밖에 나가서 강도에게 자기 집 비밀번호를 알려 주면서 "이 비밀번호로 문을 열고 우리 집에 들어가서 약탈을 하십시오"라고 하는 것 같은 느낌이 들 정도로 무시무시한 말씀입니다.

하나님이 격노하시는 이유

주님이 이렇게 하실 수밖에 없는 이유에 대해 22장에 나옵니다. 22장 1절을 봅시다.

1 또 여호와의 말씀이 내게 임하여 이르시되 2 인자야 네가 심판하려느냐 이 피 흘린 성읍을 심판하려느냐 그리하려거든 자기의 모든 가증한 일을 그들이 알게 하라 3 너는 말하라 주 여호와께서 이같이 말씀하셨느니라 자기 가운데에 피를 흘려 벌 받을 때가 이르게 하며 우상을 만들어 스스로 더럽히는 성아 4 네가 흘린 피로 말미암아 죄가 있고 네가 만든 우상으로 말미암아 스스로 더럽혔으니 네 날이 가까웠고 네 연한이 찼도다 그러므로 내가 너로 이방의 능욕을 받으며 만국의 조롱거리가 되게 하였노라 5 너 이름이 더럽고 어지러움이 많은 자여 가까운 자

나 먼 자나 다 너를 조롱하리라 (겔 22:1-5)

2절에 나오는 '피흘린 성읍'은 예루살렘입니다. 주께서 무시무시한 말씀을 예루살렘에 퍼붓고 계십니다. 그런데 창세기를 꼼꼼히 읽었던 사람들은 여기서 말씀하는 심판의 근거에 대해 연상되는 내용을 발견할 수 있을 것입니다. 노아의 때 홍수가 끝난 다음에 주께서 노아와 언약을 맺으면서 '생명을 존중해라. 피를 귀하게 여겨라'(창 9:4-6)라는 말씀을 주셨습니다. 그런데 앞에 나온 말씀은, 주님의 언약 백성으로 부름을 받은 예루살렘 사람들이 이 부분에 철저하게 실패했다고 지적하는 구절입니다. 이어지는 지적을 좀 더 살펴보겠습니다.

6 이스라엘 모든 고관은 각기 권세대로 피를 흘리려고 네 가운데에 있었도다 7 그들이 네 가운데에서 부모를 업신여겼으며 네 가운데에서 나그네를 학대하였으며 네 가운데에서 고아와 과부를 해하였도다 8 너는 나의 성물들을 업신여겼으며 나의 안식일을 더럽혔으며 9 네 가운데에 피를 흘리려고 이간을 붙이는 자도 있었으며 네 가운데에 산 위에서 제물을 먹는 자도 있었으며 네 가운데에 음행하는 자도 있었으며 10 네 가운데에 자기 아버지의 하체를 드러내는 자도 있었으며 네 가운데에 월경하는 부정한 여인과 관계하는 자도 있었으며 11 어떤 사람은 그 이웃의 아내와 가증한 일을 행하였으며 어떤 사람은 그의 며느리를 더럽혀 음행하였으며 네 가운데에 어떤 사람은 그 자매 곧 아버지의 딸과 관계하였으며 12 네 가운데에 피를 흘리려고 뇌물을 받는 자도 있었으며 네가 변돈과 이자를 받았으며 이익을 탐하여 이웃을 속여 빼앗았으며 나를 잊어버렸도다 주 여호와의 말씀

이니라 (겔 22:6-12)

이 대목은 모세의 율법 중 핵심이 되는 십계명을 지키지 못한 일에 대한 하나님의 지적처럼 보입니다. 하나님은 이스라엘 백성에게 세상에 있는 다른 민족들처럼 살지 마라, 하나님이 없는 자처럼 살지 말고 하나님과 함께하는 자처럼 살아라, 부모가 없는 자처럼 굴지 말고 정말 좋은 부모 밑에서 크는 자녀처럼 행동하라, 라고 요구하셨습니다. 그런데 지금 '오히려 그들이 나의 뜻을 이방인보다 크게 어기고 내가 없는 것처럼 여기며 이방인보다 더 패역한 길로 나아가는 모습을 볼 때, 내가 어떻게 해야 하느냐?'라고 주님이 묻고 계시는 것 같습니다.

17 여호와의 말씀이 내게 임하여 이르시되 18 인자야 이스라엘 족속이 내게 찌꺼기가 되었나니 곧 풀무 불 가운데에 있는 놋이나 주석이나 쇠나 납이며 은의 찌꺼기로다 19 그러므로 주 여호와께서 이와 같이 말씀하셨느니라 너희가 다 찌꺼기가 되었은즉 내가 너희를 예루살렘 가운데로 모으고 20 사람이 은이나 놋이나 쇠나 납이나 주석이나 모아서 풀무 불 속에 넣고 불을 불어 녹이는 것 같이 내가 노여움과 분으로 너희를 모아 거기에 두고 녹이리라 21 내가 너희를 모으고 내 분노의 불을 너희에게 불면 너희가 그 가운데에서 녹되 22 은이 풀무 불 가운데에서 녹는 것 같이 너희가 그 가운데에서 녹으리니 나 여호와가 분노를 너희 위에 쏟은 줄을 너희가 알리라 (겔 22:17-22)

여기에서는 풀무 불의 이미지가 사용됩니다. 풀무는 불에 공기를 공급해서 불의 온도가 금속을 녹일 만큼 올라가게 하는 도구입니다. 그러니 풀무 불의 온도는 얼마나 높겠습니까. 은이든 놋이든 쇠든 납이든 모든 금속이 풀무 불에서 다 녹아 버리듯이 유다 중에 고귀한 사람이든 미천한 사람이든 모두 다 하나님의 분노의 불 속에서 녹아 버리고 말 것이라는 무서운 말씀을 하고 계십니다.

이런 맥락에서 본문 말씀인 오홀라와 오홀리바의 예로 넘어가게 됩니다. 오홀라는 북 이스라엘을, 오홀리바는 남 유다를 지칭하는 말이라고 했습니다. 그런데 이들의 공통된 특징을 성경은 이렇게 표현합니다. 23장 3절을 보겠습니다.

> 3 그들이 애굽에서 행음하되 어렸을 때에 행음하여 그들의 유방이 눌리며 그 처녀의 가슴이 어루만져졌나니 (겔 23:3)

애굽에서 행음했다는 것은 모세를 통해 애굽에서 빠져나오기 전 이스라엘의 상태를 말하는 것입니다. 그들은 애굽에서도 이미 죄인이었고 행실이 좋지 않았습니다. 에스겔 20장에도 비슷한 지적이 있습니다.

> 4 인자야 네가 그들을 심판하려느냐 네가 그들을 심판하려느냐 너는 그들에게 그들의 조상들의 가증한 일을 알게 하여 5 이르라 주 여호와께서 이같이 말씀하셨느니라 옛날에 내가 이스라엘을 택하고 야곱 집의 후예를 향하여 내 손을 들어 맹세하고 애굽 땅에서 그들에게 나타나 맹세하여 이르기를 나는 여호와 너희 하나

님이라 하였노라 6 그 날에 내가 내 손을 들어 그들에게 맹세하기를 애굽 땅에서 인도하여 내어 그들을 위하여 찾아 두었던 땅 곧 젖과 꿀이 흐르는 땅이요 모든 땅 중의 아름다운 곳에 이르게 하리라 하고 7 또 그들에게 이르기를 너희는 눈을 끄는 바 가증한 것을 각기 버리고 애굽의 우상들로 말미암아 스스로 더럽히지 말라 나는 여호와 너희 하나님이니라 하였으나 8 그들이 내게 반역하여 내 말을 즐겨 듣지 아니하고 그들의 눈을 끄는 바 가증한 것을 각기 버리지 아니하며 애굽의 우상들을 떠나지 아니하므로 내가 말하기를 내가 애굽 땅에서 그들에게 나의 분노를 쏟으며 그들에게 진노를 이루리라 하였노라 9 그러나 내가 그들이 거주하는 이방인의 눈 앞에서 그들에게 나타나 그들을 애굽 땅에서 인도하여 내었나니 이는 내 이름을 위함이라 내 이름을 그 이방인의 눈 앞에서 더럽히지 아니하려고 행하였음이라 (겔 20:4-9)

창세기를 읽다 보면, 아브라함과 이삭과 야곱의 후손들이 저지른 못난 일이 가득해서 깜짝 놀라게 됩니다. 분명히 성경은 거룩한 책이라고 하는데 온갖 난감하고 추잡한 이야기들이 실려 있습니다. 그들의 삶은 우리가 일반적으로 생각하는 '거룩함'과는 거리가 멀었습니다. 그러니 그런 그들의 후손들이 요셉을 통해 하나님의 은혜로 멸망을 면하고 애굽으로 넘어가 풍족하게 살았다고 한들, 거룩한 삶을 살아 낼 수 있었겠습니까. 그들은 여전히 죄인이었을 것입니다. 그런 맥락에서 에스겔 20장 6절부터 9절 말씀은 이렇게 읽을 수 있습니다. "너희 선조들은 애굽에서부터 이미 음란하게 우상을 섬겼었다. 그래서 내가 그곳에서 그들을 진멸하려 했지만 내 이름 때문에 그렇게 하지 않고 모세를 보내 그들을 끄집어낸 것이다." 출애굽 이전의 이스라엘 역사에 대한 주님의 평가입니다.

하나님이 이스라엘을 향해 격노하시는 중요한 이유가 무엇일까요? 제사를 잘 지내지 않았기 때문일까요? 헌금을 많이 바치지 않았기 때문일까요? 아닙니다.

> 15 또 내가 내 손을 들어 광야에서 그들에게 맹세하기를 내가 그들에게 허락한 땅 곧 젖과 꿀이 흐르는 땅이요 모든 땅 중의 아름다운 곳으로 그들을 인도하여 들이지 아니하리라 한 것은 16 그들이 마음으로 우상을 따라 나의 규례를 업신여기며 나의 율례를 행하지 아니하며 나의 안식일을 더럽혔음이라 17 그러나 내가 그들을 아껴서 광야에서 멸하여 아주 없이하지 아니하였었노라 (겔 20 : 15-17)

모세 때에 출애굽 한 첫 번째 세대는 모두 다 광야에서 죽습니다. 주께서 그렇게 하신 것은 그들이 우상을 섬기고, 율례를 따르지 않음으로써 하나님을 업신여기고 안식일을 더럽혔기 때문이라고 합니다. 그들이 우상을 따르고 섬겼기 때문에 하나님이 격노하셨습니다.

본문 말씀에도 하나님의 이런 마음이 표현되어 있습니다. 에스겔 23장 46절부터 보겠습니다.

> 46 주 여호와께서 이같이 말씀하셨느니라 그들에게 무리를 올려 보내 그들이 공포와 약탈을 당하게 하라 47 무리가 그들을 돌로 치며 칼로 죽이고 그 자녀도 죽이며 그 집들을 불사르리라 48 이같이 내가 이 땅에서 음란을 그치게 한즉 모든

여인이 정신이 깨어 너희 음행을 본받지 아니하리라 49 그들이 너희 음란으로 너희에게 보응한즉 너희가 모든 우상을 위하던 죄를 담당할지라 내가 주 여호와인 줄을 너희가 알리라 하시니라 (겔 23:46-49)

하나님은 당신의 백성들을 왜 이토록 무섭게 다루실까요? 그들 중의 음란을 그치게 하기 위해서입니다. 여기서 말하는 음란이란 성적 방종만을 의미하지 않습니다. 48절의 '여인'도 실재 여성을 지칭하는 표현이 아닙니다. 비유입니다. 이스라엘과 유다의 백성들이 하나님을 버리고 다른 우상을 음란하게 섬긴 것에 대한 하나님의 지적입니다. 49절은 참 무서운 말씀입니다. 예루살렘이 멸망하는 그 시점, 모든 것이 파괴되는 그때가 되면 유다의 백성들은 '우리가 이렇게 된 것은 우상을 숭배했기 때문이야' 하고 깨닫게 될 것입니다. 그리고 그들이 하나님의 말씀을 지키지 않아 멸망했다는 것을 이해하게 됨으로써 하나님을 알게 된다는 예언입니다.

죄의 본성에 대한 지적

여기까지 읽고 나면 하나님에 대해 어떤 생각이 듭니까. 하나님이 이스라엘 백성들을 부당하게 괴롭히고, 그들에게 지킬 수 없는 율법을 부과하신 후에 그들을 꼼짝달싹도 못하게 하며, 죄책감에 시달리게 만드시는 엄격하고 완고한 하나님처럼 보이지는 않습니까? 저도 그런 생각이 들 때가 많이 있었습니다. 그런데 우상 숭배에 대한 지적들은 사실, 우리 인간의 내면에 깊이 뿌리박혀 있어서 자연스럽다고 생각하게 하는 죄의 본성에 관한 지적이라는 사실을 기억할 필요가 있습니다. 이스라엘은 오랜 시간 동안 하나님이 수많은 선지자를 보내 주어도 변하지 않았고, 멸망하는 지점까지 하나님이 몰아붙이셔야 할 정도로 패역한 죄를 저질렀습니다. 그러나 이런 이스라엘의 행태는 단지 그들만의 것이 아닙니다. 우리의 내면에는 하나님을 따르기 싫어하는 마음이 있습니다. 그것은 인간이 생겨난 때부터 자연스럽게 우리에게 주어진 것이라고, 우리의 천성이고 본성이라고까지 생각하게 만드는 죄의 깊고 광대한 심연이 우리 마음에 펼쳐져 있습니다. 성경은 바로 이 부분을 지적합니다.

그런 차원에서 조금 더 생각해 보면 파멸과 파국으로 가는 길은 얼마나 쉽습니까. 우리가 공동체로 같이 모였을 때 서로 시기하는 것처럼 쉬운 일은 없습니다. 남을 흉보는 일처럼 쉬운 일은 없습니다. 우리의 자연스러운 본성을 따라 행동하기만 하면 되기 때문입니다. 마찬가지로 공동체의 평화와 안녕을 깨는 일 역시 너무나도 쉽습니다. 우리가 이런 악행을 자연스럽게 느끼고 심지어 우리 안에 있는 본성처럼 여기는 까닭은 우리의 깊은 곳에 있는 죄의 습성들 때문입니다.

반면에 정의를 이루는 일, 사랑을 이루는 일, 환대하는 일, 평화를 이루는 일, 다른 이들에게 넉넉한 마음을 베푸는 일은 얼마나 어렵습니까? 보통 서구 사회에서 주창하기 시작한, 인류의 보편적 가치라고 불리는 것이 있습니다. 인류 역사에서 서구인들이 저지른 행악들도 많기에 그들이 주장하는 보편적 가치라는 것이 정말 보편적인지 따져 묻고 싶어질 때도 있습니다. 그러나 인간이 가진 아주 자연스러운 본성을 거슬러 앞으로 더 나아가야 할 내용을 제시한다는 차원에서 깊이 숙고해 볼 만한 것들이 많다고 생각합니다. 그리고 그러한 주장의 역사적 근거에는 성경과 기독교 신앙이 자리 잡고 있다는 사실을 부인할 수 없습니다.

오늘날 우리 사회나 개개인이 속한 공동체나 개인도 마찬가지입니다. 내 주위에 있는 사람들만 위하면서 사는 일처럼 쉬운 것도 없습니다. 나와 말씨가 비슷한 사람들과 이야기하는 일처럼 편한 것이 없습니다. 반면에 나와 말씨가 다른 사람들과 이야기하는 일은 힘이 듭니다. 내 가족의 범위를 넘어서는 이들을 신경 쓰고 배려하는 일은 쉽지 않습니다. 그것은 본성을 거스르는 문제이기 때문입니다. 나만을 생각하고 자기중심적으로 사는 일은 배우지 않아도 저절로 됩니다. 이 일을 위해서는 정당을 만들거나 도덕과 윤리를 만들거나 교본을 만들 필요도 없습니다. 사람은 내버려 두면 다 자기 자신만을 위해 삽니다. 다 자기 가족을 중심으로 삽니다. 다 자기가 나고 자란 지역을 최고로 중시하며 삽니다. 사람은 내버려 두면 자기 인종, 자기 민족만을 최고라고 생각합니다. 어쩌면 선민의식은 어느 시대, 어느 민족에게나 있는 것인지도 모르겠습니다. 모든 민족이 배타성을 가지고 삽니다. 우리가 안전하다면 다른 민족에게 폭력이 행해져도 상관없다, 나와 우리 가족과 우리 민족과 우리 집단을 위해서라면 다른 누가 죽어도 상관없다고 생각하는 것은 우리가 가지고 있는 자연스러운 본성입니다. 우리는 가만히 내버려 두면 오만해집니다. 다 교만해집니다. 그리고 자기와 상관없는 일에 대해서는 다 무관심해집니다. 참으로 쉬운 길, 넓고 편한 길입니다.

그런데 주님은 우리에게 '나는 인간을 그렇게 만들지 않았다'라고 끊임없이 말씀하고 계시는 것 같습니다. 하나님이 이스라엘에게 요구하시는 내용, 아브라함 때에 언약을 주시고, 모세 때에 언약의 구체적인 형식과 내용으로 율법을 주시고, 이후 이스라엘 역사 내내 그리고 나라가 망하는 지점까지 주님이 그들을 이끌고 가시면서 요구하시는 내용은 무엇이었을까요? 하나님은 애초에 아브라함을 부르셨을 때, '아브라함아, 나는 너와 네 가족만 잘 먹고 잘 살게 해 주는, 그런 네 가문의 신이다'라고 말씀하지 않으셨습니다. 하나님은 "내가 너를 통해 열방에 복 주기를 원한다"라고 말씀하셨습니다. 이런 하나님의 뜻 앞에서 아브라함과 그의 가족과 후손들은 모든 인간이 가진 자기중심성을 깨야만 하는 것입니다. 하나님의 언약이 그들을 통해 이루어지려면, 그들이 배타성을 버려야 합니다. 다른 이들을 향해, 열방을 향해 시선을 열어야 합니다. 하나님이 아브라함에게 주신 복은 그렇게 실현되어야 합니다.

그런데 이스라엘은 그 일에 철저하게 실패합니다. 율법의 핵심이 무엇입니까. 너희끼리만 잘 먹고 잘 살고, 너희끼리만 안전하게 살아라, 라는 것은 율법의 가르침이 아닙니다. 그런 맥락에서 주님이 왜 이렇게 그들을 심하게 다루실 수밖에 없었는지를 살펴보겠습니다. 22장의 말씀입니다.

23 여호와의 말씀이 내게 임하여 이르시되 24 인자야 너는 그에게 이르기를 너는 정결함을 얻지 못한 땅이요 진노의 날에 비를 얻지 못한 땅이로다 하라 25 그 가운데에서 선지자들의 반역함이 우는 사자가 음식물을 움킴 같았도다 그들이 사람의 영혼을 삼켰으며 재산과 보물을 탈취하며 과부를 그 가운데에 많게 하였으며 26 그 제사장들은 내 율법을 범하였으며 나의 성물을 더럽혔으며 거룩함과 속된 것을 구별하지 아니하였으며 부정함과 정한 것을 사람이 구별하게 하지 아니하였으며 그의 눈을 가리어 나의 안식일을 보지 아니하였으므로 내가 그들 가운데에서 더럽힘을 받았느니라 27 그 가운데에 그 고관들은 음식물을 삼키는 이리 같아서 불의한 이익을 얻으려고 피를 흘려 영혼을 멸하거늘 28 그 선지자들이 그들을 위하여 회를 칠하고 스스로 허탄한 이상을 보며 거짓 복술을 행하며 여호와가 말하지 아니하였어도 주 여호와께서 이같이 말씀하셨느니라 하였으며 29 이 땅 백성은 포악하고 강탈을 일삼고 가난하고 궁핍한 자를 압제하고 나그네를 부당하게 학대하였으므로 (겔 22:23-29)

언약 백성으로 부름을 받은 이들, 선지자라고 하는 이들, 제사장이라고 하는 이들이 어떤 행동을 하느냐, 하나님을 영화롭게 하라고 부름을 받은 이들이 오히려 하나님의 이름을 더 더럽히는 행동을 하고 있지 않느냐, 라는 것입니다. 특히 28절에서 선지자들이, 하나님이 말씀하지 않으신 내용을 하나님의 말씀이라며 전한다고 합니다. 하나님의 말씀에 자신을 맞추기보다 자신의 이익과 자신이 속한 집단의 이익과 자기에게 익숙한 공동체의 안녕을 위해서 하나님도 이렇게 말씀하실 수밖에 없다고 주장하는 철저한 자기중심성을 볼 수 있습니다. 죄의 핵심적 특징입니다. 주님은 다른 이들에게 "포악하게 굴지 마라. 강탈하지 마라. 가난하고 궁핍한 자들을 외면하지 마라. 나그네를 부당하게 학대하지 마라"라고 하십니다. 인간은 자기중심적으로 생각하는 게 너무나 자연스러운 죄인이기에 당연히 이방인들은 하나님 말씀대로 살지 않습니다. 그런데 언약의 도성, 하나님의 도성이라고 일컬음을 받는 예루살렘 안에서도 이방인이 저지르는 일과 똑같은 일이, 아니 더 참혹한 일이 벌어지고 있음을 주님이 지적하십니다. 주님은 결국 이렇게 말씀하십니다.

> 30 이 땅을 위하여 성을 쌓으며 성 무너진 데를 막아 서서 나로 하여금 멸하지 못하게 할 사람을 내가 그 가운데에서 찾다가 찾지 못하였으므로 31 내가 내 분노를 그들 위에 쏟으며 내 진노의 불로 멸하여 그들 행위대로 그들 머리에 보응하였느니라 주 여호와의 말씀이니라 (겔 22:30-31)

불가능성을 넘어 가능성으로

이러한 에스겔의 내용은, 신약 시대를 맞아 예수 그리스도의 구원의 능력을 경험하고 복된 완성을 향해 나아가는 영광스러운 교회의 일원으로 살아가는 우리 각자에게도 여전히 적용되는 말씀입니다. 교회의 역사에 영광스럽고 찬란했던 시기들이 있었습니다. 반면에 가장 교회답지 못하고, 가장 주님의 제자답지 못하고, 가장 하나님을 따르지 않는 것 같은 모습을 교회 안에서 얼마나 많이 보게 됩니까. 그런데 여기서는 그런 길로 가면 안 된다, 정신 차려야 한다는 교훈의 차원을 넘어서는 내용을 이야기하고 싶습니다.

불경스러운 표현이지만, 선지서에 묘사된 이스라엘의 형편과 그들의 역사를 보면 하나님조차도 실패하신 것처럼 보일 때가 있습니다. 하나님은 왜 그런 지경이 될 때까지 이스라엘을 내버려 두셨는가, 왜 애초부터 그들의 다리몽둥이를 꺾어 그들을 굴복시키지 않으셨는가, 결국 북 이스라엘과 남 유다가 멸망하는 지경까지 끌고 가시는 이유가 무엇인가, 왜 하나님은 당신께서 가지신 전능한 능력으로 이 문제를 쉽게 해결하지 않으셨는가, 왜 하나님은 천사들에게 눈짓 한 번 주셔서 백성들을 한 방에 이 땅에서 흔적도 없이 쓸어버리지 않으셨는가, 아니면 왜 그들의 마음을 새롭게 프로그래밍 하셔서 하나님의 뜻을 따르는 기계적인 집단으로 만들지 않으셨는가, 하는 생각이 들곤 합니다.

그런데 하나님은 그렇게 안 하십니다. 우리를 그렇게 만들지 않으셨다는 것입니다. 인간이라는 피조물은 단지 하나님이 지으신 여러 피조물 중 하나일 뿐만 아니라 어떤 의미에서는 하나님과 방불한 가치를 가진 존재입니다. 그렇기에 하나님은 끝까지 인간을 설득하시고 변화시키시고 종일토록 손을 펴서 기다리시고, 마침내는 친히 인간이 되어 우리가 가지는 한계 안으로 찾아 들어오신 것입니다.

인간이 가지고 있는 딜레마 중 하나는, 인간이 사라지지 않으면 문제가 해결되지 않는다는 것입니다. 오늘날 우리가 한국 교회나 이 세계의 현실을 볼 때 느끼는 좌절감과 절망감은 에스겔이 당시에 느꼈던 것과 크게 다르지 않을 것입니다. 문제가 없는 교회, 아무 걱정이 없는 현실은 지구상에 존재하지 않습니다.

사람이 존재하는 이상, 각기 다른 존재들이 한자리에 모여 있는 이상, 문제가 생기지 않을 수 없습니다. 두 명이 있으면 최소한 두 개의 문제가 있고 이십 명이 있으면 최소한 이십 개의 문제가 있는 법입니다. 우리가 죽거나 사라지지 않는 이상 문제는 해결되지 않을 것입니다.

그런데 이 지점을 잘 생각해 봅시다. "성전을 세운다고 해결되는 문제가 아니네요. 나라를 잘 세운다고 해결되는 문제가 아니네요. 군대를 잘 세운다고 해결되는 문제가 아니네요. 종교 개혁 몇 번 한다고 해결되는 문제가 아니네요. 이스라엘 역사 속에서, 우리의 역사 속에서, 우리가 그토록 노력을 기울였지만 결국 망하는 지점까지 가고 말지 않았습니까"라고 한탄하는 이 에스겔의 심정, 결국 마른 나무뿐만 아니라 푸른 나무까지도 다 불타 버리는 현실을 볼 수밖에 없는 에스겔의 자리, 자기가 몸담은 세계의 절망과 파국을 경험할 수밖에 없는 에스겔의 처지를 통해, 역설적으로 우리는 인간이 만들어 내는 것이나 인간의 노력에 의해서는 그 어떤 구원의 가능성도 존재하지 않는다는 것을 깨닫게 됩니다.

누가 와서 해결해야 합니까. 하나님이 오셔야 합니다. '당신이 직접 와서 우리를 새롭게 만들지 않는 이상 우리는 가망이 없는 존재들입니다'라고 고백할 수밖에 없는 자리에 에스겔과 우리가 서 있습니다. 우리는 가망 없는 그 자리에서 우리의 불가능성을 가능성으로 바꾸시는, 우리의 절망과 파국과 죽음을 부활로 바꿔 내시는 주님을 기대할 수밖에 없습니다.

이런 차원에서 구약의 역사는 오실 주님을 기다리며 바라보는 역사라고 일컬을 수 있습니다. 그 기간이 긴 만큼, 그 죄악의 심연이 깊은 만큼, 하나님이 은혜를 담으시는 공간도 커져 가는 것입니다. 심지어 생명이신 하나님이 죽음의 자리까지 가십니다. 생명과 죽음의 차이는 얼마나 큽니까. 그러나 하나님은 그 차이를 충분히 메꾸시고도 넉넉히 남을 만큼 크신 분입니다.

우리의 이상과 현실의 차이는 얼마나 큽니까. 성경 말씀을 들어도 우리의 현실은 얼마나 밑바닥입니까. 내 옆에 있는 사람 하나 감당하기 어렵고, 따뜻한 말 한마디 하기 어렵고, 순종 한 번 하기 어렵고, 주님의 모습은 고사하고서라도 멋진 모습 한 번 보이기 어려운 것이 우리의 현실입니다.

그러나 낙망하지 맙시다. 우리의 이상과 현실의 괴리가 이토록 크다는 것과 그것을 우리 힘으로 메울 수 없다는 사실을 알게 되어 겪는 갈등과 막막함과 어찌할 수 없음이 크면 클수록, 주님이 그 공간을 그분의 임재로 채우실 것입니다. 그렇게 주님이 오늘 우리를 향해 손을 펴고 계시고, 우리와 함께하신다는 사실을 기억합시다. 우리 모두, 주님이 우리의 삶 가운데 채워 가실 것들을 기대하며, 절망과 부조리와 분노와 원망과 자포자기하고 싶은 마음을 넘어 우리 삶에 임할 하나님의 놀라운 은혜를 갈망하며 살기를 주님의 이름으로 권면합니다.

기도

주님, 우리에게 신앙을 허락하여 주셔서 감사합니다. 주님을 알게 하시고 또 교회로 함께 모여 그리스도의 지체로 거룩한 완성을 향해 가게 하시니 감사합니다. 그러나 그에 못지않게 우리의 현실은 못날 때가 많고, 막막할 때가 많고, 때로는 우리의 내면이 분노와 절망으로 점철될 만큼 부족할 때가 많습니다. 그러나 주님, 그 모든 것들을 주께서 채우고 계시고, 그 모든 것에도 불구하고 하나님이 우리의 하나님 되기를 포기하지 않으신다는 사실을 알아 가게 하시니 감사합니다. 우리의 죄가 그 기원이 깊고 죄악의 영향력과 범위가 아무리 클지라도 하나님이 우리에게 베푸시는 은혜와 사랑이 더 깊고, 하나님의 영향력이 더 크다는 사실을 기억하며 믿음으로 오늘 하루를 살아 내게 하옵소서. 그렇게 한 걸음씩 나아가는 주의 백성들이 될 수 있도록 주께서 함께하여 주옵소서. 은혜를 베풀어 주시고 위로하여 주시고 힘을 더하여 주옵소서. 우리의 구주이신 예수 그리스도의 이름으로 기도합니다. 아멘.